MARGIT PROEBST

Feine Braten

MARGIT PROEBST

Feine Braten

Große und kleine Stücke zart und saftig

MIT NIEDRIGTEMPERATUR-VARIANTEN

Fotos: Eising Foodphotography

Das Rezept zum Umschlagbild finden Sie auf Seite 134

Welches Fleisch für welchen Braten?

Voraussetzung für einen leckeren Braten ist gutes Fleisch. Gut muss dabei nicht immer teuer bedeuten. Welches Fleisch Sie auswählen, richtet sich nach der Zubereitungsart und umgekehrt. Der Metzger Ihres Vertrauens kann Sie bei der Auswahl des richtigen Stücks beraten.

Fleisch zum Braten im Backofen

Zum offenen Braten bei 180°–200° im Backofen eignen sich ganze Keulen von Lamm oder Wild, Braten mit höherem Fettanteil (z. B. Schweinebraten mit Schwarte) und alle Geflügelsorten. Hier die Haut, dort die Schwarte und eine gewisse Fettschicht darunter schützen das Fleisch vor dem Austrocknen und geben dem Braten zusätzlich Aroma. Auch wenn Sie das Fett später nicht essen werden, lassen Sie es zum Braten dran und schneiden Sie es erst nachher ab.

Zarte Niedrigtemperatur-Braten

Zum Garen bei Niedrigtemperatur sollte das Fleisch kurze Fasern besitzen. Filet und ausgelöster Rücken (Schweinelende, auch Schweinelachs genannt) sind die besten Stücke vom Schwein. Beim Kalb eignen sich ebenfalls das Filet und der ausgelöste Rücken, aber auch Fleisch aus der Schulter und der Keule. Beim ausgewachsenen Rind verwenden Sie das Filet und den ausgelösten Rücken (Hochrippe und Roastbeef). Rindfleisch aus Schulter und Keule sollten Sie besser bei 180° im Ofen oder im Schmortopf zubereiten, es bleibt bei 80° oft recht kompakt bis zäh.
Bei Lamm und Wild eignen sich die Rückenfilets und Fleisch aus der Schulter und der Keule. Beides können Sie auch sehr gut samt Knochen bei 80° zubereiten.

Geflügel

Kleines Geflügel wie Hähnchen, Wildente und Perlhuhn sind zum Niedrigtemperaturgaren ungeeignet. Ente, Gans und Truthahn aber gelingen vorzüglich. Doch Vorsicht: Da bei der Niedrigtemperatur-Methode das Fleisch nicht durchgebraten wird, werden eventuelle Keime nicht abgetötet. Einwandfreies frisches Fleisch und absolut hygienische Verarbeitung sind dabei also unbedingte Voraussetzung. Aufgetautes Geflügel sollten Sie in jedem Fall besser herkömmlich zubereiten und bei höherer Temperatur durchgaren.

Fleisch zum Schmoren

Zum Schmoren eignen sich die preiswerteren Stücke aus der Schulter, der Keule, dem Hals und der Brust von Schwein, Kalb, Rind und Wild. Dieses langfaserige Fleisch, das beim Braten im Backofen zäh bliebe, wird durch langsames Schmoren wunderbar weich.

Bio-Fleisch oder Abgepacktes aus dem Supermarkt?

Fleisch von Tieren aus artgerechter Haltung mit guter Fütterung ist immer die beste Wahl. Die Tiere bekommen ausreichend Bewegung und werden meist in etwas höherem Alter geschlachtet als die konventionell aufgezogenen. Das Fleisch ist dadurch aromatischer. Die Qualität von abgepacktem Fleisch aus dem Supermarkt lässt sich nicht pauschal beurteilen, weil sie vom jeweiligen Zulieferer abhängt. Am besten sind Sie bei einem guten Metzger aufgehoben (ob Bio oder konventionell), der sein Fleisch aus verlässlichen Quellen bezieht.

Fleisch einfrieren und auftauen

Fleisch lässt sich prima einfrieren. Damit Gefrierbrand keine Chance hat, sollten Sie es vorher vakuumieren. Zum Wiederauftauen nehmen Sie das Fleisch oder das Geflügel aus der Verpackung und lassen es über Nacht auf einem Teller im Kühlschrank auftauen. Die Auftauflüssigkeit gießen Sie am nächsten Tag ab, waschen das Fleisch (Geflügel innen und außen) mit kaltem Wasser ab und tupfen es mit Küchenpapier trocken.

Die richtigen Mengen

Rechnen Sie pro Person mit 140–250 g Fleisch (innerhalb eines dreigängigen Menüs reichen 140–150 g aus, Fleischfreunde freuen sich über satte 250 g). Bei Geflügel reicht ein kleines Hähnchen von 1 kg für 2–3 Personen, eine Ente von 2,5 kg für 3–4 und eine Gans von 4 kg für 5–6 Personen. Von einem Truthahn mit 5 kg werden ca. 10 Personen satt.

Parieren, Marinieren und Binden

Einschneiden

Die Schwarte und eine Fettschicht auf dem Fleisch sind bei bestimmten Braten (z. B. Schweinekrustenbraten, Rezept S. 100) erwünscht, weil sie das darunterliegende magere Fleisch vor dem Austrocknen bewahren und perfekte Geschmacksträger sind. Damit die Schwarte knusprig wird, ist eine hohe Ofentemperatur erforderlich. Und damit das Fett gut ausbrät, schneiden Sie die Schwarte vorher mit einem scharfen Messer rautenförmig ein.

Parieren

Die Haut und eine dünne Fettschicht, z. B. auf Roastbeef oder Schweinelende, werden bei 160°–180° im Ofen oder beim Schmoren weich und sorgen für ein saftiges Ergebnis. Sie müssen nicht entfernt werden.
Wenn Sie einen Braten allerdings bei Niedrigtemperatur garen möchten, so sollten Sie alles sichtbare Fett sowie alle Häutchen und Sehnen sorgfältig entfernen. In der Küchenfachsprache nennt man das »Parieren«. Was nämlich beim langsamen Schmoren oder beim Braten bei höheren Temperaturen schmilzt und weich wird, bleibt bei 80° zäh und ungenießbar. Die »Parüren« (die Abschnitte, die beim Parieren anfallen) sollten Sie übrigens nicht wegwerfen. Sie sind mit Knochen, Röstgemüse und Wein oder Fond die perfekte Basis für eine aromatische Sauce (siehe S. 16/17).

Marinieren

Vor der Erfindung des Kühlschranks diente Marinieren in erster Linie dem Haltbarmachen von Fleisch. Der tolle Nebeneffekt dabei war, dass man dem Fleisch durch Wein, Essig und Gewürze ein besonderes Aroma verleihen konnte. Ein weiteres Plus: Auch weniger edle Stücke werden durch Marinieren zarter und weicher. Sie können das Fleisch entweder zusammen mit Wein und Gewürzen in eine Schüssel geben und zugedeckt in den Kühlschrank stellen. Oder das Fleisch, wenn z. B. Kräuter, Knoblauch und nur wenig Öl oder Flüssigkeit zum Einsatz kommen, in einen für Lebensmittel geeigneten Beutel geben, der sich ganz ans Fleisch schmiegt. Wichtig: Geben Sie niemals Salz in Marinaden! Es würde dem Fleisch Saft entziehen und es austrocknen.

Vorher oder nachher salzen?

Einige Köche raten, Fleisch grundsätzlich erst nach dem Braten zu salzen. Bei großen Braten ist davon abzuraten. Nach dem Salzen des rohen Fleisches tritt der Fleischsaft an die Oberfläche. Dieser verbindet sich beim Anbraten mit dem Salz und dem Bratöl zu einer aromatischen Kruste, die Sie später nicht mehr hinbekommen. Lange liegen lassen allerdings sollten Sie bereits gewürztes Fleisch nicht. Das Salz zieht dann zu viel Saft aus dem Fleisch und macht es trocken und zäh.

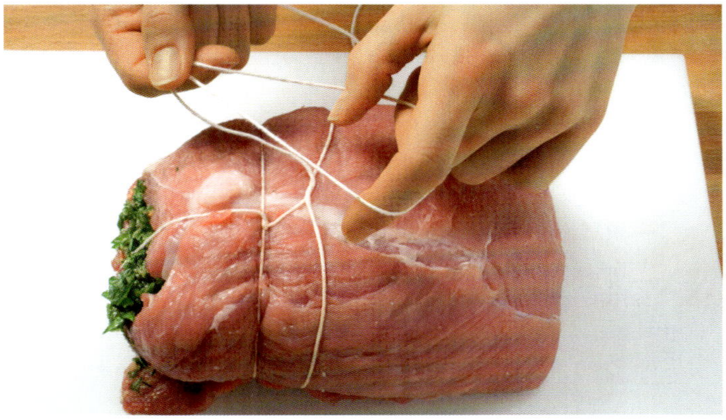

Damit die Füllung an Ort und Stelle bleibt und nicht herausquillt, binden Sie den Braten mit Küchengarn.

Mit Spießen und Küchengarn

Um einen Braten zu binden, nehmen Sie ein langes Stück Küchengarn und binden an einem Ende eine Schlaufe. Diese Schlaufe legen Sie um ein Ende des Bratens und ziehen sie an, so dass sie fest am Braten anliegt. Nun ziehen Sie das lose Garnende mit 2 cm Abstand unter dem Braten durch, halten es oben fest, schlingen das Garnende darunter durch und ziehen die so entstandene neue Schlaufe fest. So fahren Sie fort bis zum Bratenende und verknoten das Garnende.
Um die Bauchöffnung von Geflügel zu schließen, stecken Sie quer 5–6 Holzspießchen ein und schlingen Küchengarn wie bei kreuzweise gebundenen Schnürschuhen darum herum.

Schmoren und Braten

Ob langsam im Schmortopf auf dem Herd oder offen im Backofen zubereitet – ein schöner Braten ist für viele das Kernstück eines gelungenen Festessens. Auch wer noch unerfahren ist, muss vor der Zubereitung keine Angst haben. Es geht leichter, als Sie denken!

Richtig anbraten

Erhitzen Sie den Schmortopf oder Bräter auf dem Herd, geben Sie dann das Bratfett (neutrales Pflanzenöl oder Butterschmalz) hinein und braten Sie das gewürzte Fleisch darin bei mittlerer Hitze rundherum an. Nehmen Sie sich dafür wirklich Zeit und lassen Sie dem Fleischstück auf jeder Seite 1–2 Min. Zeit, um Farbe anzunehmen! Wenden Sie den Braten dabei mit einer Zange oder einem Pfannenwender. Bitte nicht mit einer Fleischgabel in das Fleisch stechen, dadurch tritt nur unnötig Saft aus den Einstichstellen aus. Der Sinn des Anbratens: Unter Hitzeeinwirkung bilden sich an den Randschichten aus Stärke und Eiweiß bräunliche Röststoffe. Es bildet sich eine Kruste um das Gargut, die dafür sorgt, dass nur wenig Fleischsaft austritt und der Braten innen saftig bleibt. Dass sich dabei »die Poren schließen«, wie oft zu lesen ist, stimmt so nicht wirklich, ist aber als Metapher ganz anschaulich. Etwas austretender Saft ist ja durchaus erwünscht, denn er ist die Basis der Sauce.
Geflügel wird nicht auf dem Herd im Bräter, sondern bei hoher Temperatur im Backofen angebraten.

Langsam geschmort werden auch aus weniger edlen Stücken tolle Braten mit hocharomatischer Sauce.

Schmoren auf dem Herd

Bei einem Schmorbraten löschen Sie den Bratensatz mit Wein, Fond oder Brühe ab, lassen diese einmal aufkochen und regulieren die Hitzezufuhr dann so auf schwache bis mittlere Hitze, dass die Flüssigkeit im geschlossenen Topf gerade eben siedet. Durch den Dampf im Topf und die sanft köchelnde Flüssigkeit samt den darin gelösten Aromen und Röststoffen wird der Braten nach und nach weich und es entsteht eine aromatische Schmorsauce.

Schmoren im Backofen

Sie können den geschlossenen Schmortopf oder Bräter auch in den Backofen stellen. Da die Hitzeeinwirkung dann nicht nur vom Topfboden ausgeht, sondern den Schmortopf sanft von allen Seiten umfängt, gart Ihr Braten dabei besonders sanft und gleichmäßig. Diese Methode eignet sich besonders für Geflügel oder zarte Braten mit geringerem Fettanteil. Oft wird die Methode so kombiniert: zuerst zugedeckt weich schmoren und anschließend noch eine Weile offen im Backofen garen, um dem Braten eine schöne Bräune zu verleihen.

Braten im Backofen

Beim offenen Braten im Ofen gart der Braten durch die direkte Hitzeeinwirkung, die vom Bräter oder der Fettpfanne und den Backofenwänden abstrahlt. Dadurch bildet sich eine knusprige Kruste. Damit man gleichzeitig eine Sauce gewinnt, wird meist ein wenig Flüssigkeit angegossen, allerdings weniger als beim Schmoren. Zum offenen Braten im Backofen eignen sich alle fettreichen Braten mit Schwarte sowie Geflügel.

Wenn der Braten fertig ist

Ein durchgegarter Schmorbraten hat eine Kerntemperatur von ca. 90°, ebenso durchgegartes Geflügel. Vor dem Servieren lassen Sie Ihren Braten 10 Min. zugedeckt ruhen. Wie Sie ihn tranchieren, lesen Sie auf Seite 18.

Bräter, Schmortopf & Co.

Bräter

Sie kochen überwiegend für 2, höchstens mal für 4 Personen? Dann kaufen Sie sich einen ovalen Bräter von 30 bis 32 cm Länge. Darin findet der Schweinebraten ebenso Platz wie das Roastbeef oder die kleine Ente. Wählen Sie am besten ein schweres Modell aus Gusseisen mit gut schließendem Deckel. Damit garen Sie alles gleichmäßig und schonend, es trocknet nichts aus und Ihre Braten bekommen eine gleichmäßige appetitliche Bräune. Gute Bräter sind zwar sehr teuer, halten bei guter Pflege (Reinigen mit Spülmittel und weichem Schwamm, keine Scheuermittel und Metallschwämme!) aber ein Leben lang.
Für eine Gans brauchen Sie einen Bräter von ca. 40 cm Länge. So ein Riesenbraten kommt bei Ihnen nur alle Jubeljahre auf den Tisch? Dann sparen Sie sich die Anschaffung und bereiten den großen Festtagsbraten in der Fettpfanne des Backofens zu.

Schmortopf

Achten Sie beim Kauf Ihres Schmortopfs darauf, dass Griffe und Deckelknauf hitzebeständig sind. So können Sie Ihren Schmortopf nicht nur auf dem Herd, sondern auch im Backofen verwenden. Auch hier gilt wie beim Bräter: Je besser die Qualität (beschichteter Aluguss mit dickem Boden, gut schließender Deckel), umso sicherer gelingt Ihr Braten. Für 2 Personen wählen Sie einen Schmortopf mit 24–26 cm Durchmesser, für 4–6 Personen ist ein Durchmesser von 28 bis 32 cm erforderlich. Kleine Braten können Sie auf dem Herd auch in einer guten Schmorpfanne mit dickem Boden und gut schließendem Deckel zubereiten.

Ofenfeste Form

Zum sanften Garen bei 80° verwenden Sie eine flache, hitzebeständige Form aus Porzellan oder Keramik. Zur Not tut's sogar ein Teller oder eine Platte. Diese stellen Sie – gleich auf der richtigen Einschubleiste – auf das Backofengitter und wärmen sie mit dem Backofen vor. So geht das Umsetzen des Bratens schnell und ohne Temperaturverlust. Sehr große Braten sind in der Fettpfanne des Ofens gut aufgehoben.

Backofenthermometer

Konstante 80° Backofentemperatur sind die Erfolgsgarantie für die Niedrigtemperatur-Braten in diesem Buch. Kontrollieren Sie die Ofentemperatur bei Ihren ersten Versuchen mit der 80°-Methode unbedingt regelmäßig mit einem Backofenthermometer (bekommen Sie für wenig Geld im Haushaltswarengeschäft). Sie bleibt, einmal eingestellt, unverändert? Prima! Dann können Sie Ihren Braten künftig unbesorgt über Stunden alleine lassen. Er wird ohne weiteres Zutun perfekt gelingen.

Das Bratenthermometer sagt Ihnen, wann Ihr Braten die ideale Kerntemperatur erreicht hat.

Bratenthermometer

Die bei den Rezepten angegebenen Garzeiten sind vielfach getestete Erfahrungswerte. Da die Garzeit bei Niedrigtemperatur-Braten jedoch von vielerlei Faktoren (Gewicht und Dicke des Fleisches, Anbratzeit und Anbrattemperatur, konstante oder leicht schwankende Ofentemperatur) beeinflusst wird, sollten Sie dafür zusätzlich ein Bratenthermometer verwenden. Dabei handelt es sich um eine Metallsonde mit hitzeempfindlicher Spitze. Die stecken Sie zum Ende der Garzeit in die dickste Stelle des Bratens und lesen die Kerntemperatur ab. Ob einfaches mechanisches oder digitales Modell mit akustischer Warnfunktion – sie bekommen beide in guten Haushaltswarengeschäften.

Zart und saftig bei 80°

Butterzarte, saftige Braten, auf den Punkt gegart, mit rosigem Kern – mithilfe der Niedrigtemperatur-Methode bekommen Sie das zu Hause genauso hin wie die Profis im Sternerestaurant! Das Fleisch einfach rundherum anbraten und dann ab damit in den Backofen. Klingt einfach und genauso ist es auch.

Der richtige Backofen

Das A und O beim Niedrigtemperaturgaren ist ein Backofen, der eine konstante Temperatur von 80° hält. Dafür eignen sich alle Herde mit Elektro-Backrohr. Gasbacköfen werden leider meist zu heiß. Verlassen Sie sich aber nicht auf die Grad-Angabe auf dem Schalter. Im Bereich unter 100° sind sogar viele neuere Herde ungenau. Testen Sie Ihren Backofen also vorher mit einem Backofenthermometer: Stellen oder hängen Sie es in die Ofenmitte und heizen Sie den Backofen auf 80° (Ober- und Unterhitze, keine Umluft) auf. Wenn sich die Temperatur anschließend auch über Stunden nicht verändert, können Sie künftig auf regelmäßige Kontrollen verzichten. Die Temperatur Ihres Backofens schwankt zwischen 75° und 85°? Für die Qualität Ihres Bratens ist das unproblematisch, die Garzeit aber verändert sich und wird schwer kalkulierbar. Dann sollten Sie regelmäßig nachschauen und die Temperatur durch Hochschalten oder kurzes Öffnen der Backofentür regulieren.

Bei Niedrigtemperatur-Braten der Schlüssel zum Erfolg: eine konstante Backofentemperatur von 80°.

So braten Sie richtig an

Nehmen Sie das Fleisch rechtzeitig aus dem Kühlschrank, damit es beim Anbraten Zimmertemperatur hat. Heizen Sie den Backofen samt einer flachen, ofenfesten Form auf 80° vor. Dann das Fleisch würzen und sorgfältig anbraten: Erhitzen Sie dazu eine Pfanne oder einen Bräter und geben Öl (neutrales Pflanzenöl, z. B. Erdnuss-, Rapskern- oder Olivenöl) oder Butterschmalz hinein. Dann legen Sie den Braten ein und braten ihn bei mittlerer Hitze sorgfältig rundherum (auch an den Enden) an. Stechen Sie zum Wenden bitte nicht mit einer Fleischgabel hinein, sondern verwenden Sie eine Zange oder einen Pfannenwender. Aus den Einstichen würde zu viel wertvoller Saft austreten.
Sehr große Braten wie Lammkeulen, Enten und Gänse können Sie nicht in einer Pfanne anbraten. Da bietet es sich an, sie in der Fettpfanne des Ofens bei höherer Temperatur vorzubraten, dann die Hitze zu reduzieren und sie bei 80° weiterzugaren.

Niedrigtemperaturgaren im Backofen

Setzen Sie das Fleischstück nach dem Anbraten – schnell, damit keine Wärme verloren geht – in die vorgewärmte Form im Backofen um. Decken Sie das Fleisch im Ofen nicht ab, denn die Luft muss ungehindert zirkulieren können. Und gießen Sie keine Flüssigkeit an. Der Braten würde sonst in einer »Pfütze« liegen, die die schützende Kruste aufweicht.

Wann ist der Braten fertig?

Gegen Ende der im Rezept angegebenen Garzeit stecken Sie das Bratenthermometer in die dickste Stelle des Bratens und warten ab, bis die gewünschte Kerntemperatur erreicht ist. Die Thermometerspitze darf dabei nicht bis an einen Knochen stoßen, das würde das Ergebnis verfälschen. Der Braten ist fertig? Dann nehmen Sie ihn heraus, schneiden ihn sofort in Scheiben und servieren ihn rasch auf vorgewärmten Tellern. Sie müssen den Braten nicht erst ruhen lassen. Bei der Niedrigtemperatur-Methode verteilen sich die Säfte schon während des Garens optimal, der Braten blutet beim Anschneiden kaum aus.

So gelingt's garantiert

Bei Ihren ersten Versuchen mit der Niedrigtemperatur-Methode wich die tatsächliche Garzeit Ihres Bratens von der im Rezept angegebenen erheblich ab? An diesen Punkten könnte es gelegen haben:

Gewicht und Format

Eine mögliche Ursache: Ihr Braten war ungewöhnlich dick. Die Garzeit hängt neben dem Gewicht vor allem von der Dicke des Fleischstücks ab. Ein lineares Berechnungsschema nach dem Motto »Pro Kilogramm Fleisch so und so lange garen« lässt sich deshalb leider nicht erstellen. Alle angegebenen Garzeiten sind Erfahrungswerte, die schon mal ein wenig nach oben oder unten abweichen können. Dafür ist bei jedem Niedrigtemperatur-Rezept die ideale Kerntemperatur angegeben. So können Sie den Gargrad Ihres Bratens mit einem Bratenthermometer selbst kontrollieren.

Das Fleisch war zu kalt

Nehmen Sie das Fleisch rechtzeitig aus dem Kühlschrank! Für Stücke von 350 bis 600 g reichen 30 Min., einen großen Braten sollten Sie mindestens 1 Std. vorher herausnehmen, damit er beim Anbraten Zimmertemperatur hat. Wird das Fleisch nämlich kühlschrankkalt angebraten, verlängert sich die Garzeit im Ofen.

Anbraten, aber richtig

Schätzen Sie die Anbratzeit bitte nicht, sondern sehen Sie dabei auf die Uhr! Das Fleisch bekommt durch das sorgfältige Anbraten neben der schützenden Kruste nämlich auch gleich die nötige Grundtemperatur mit – das braucht seine Zeit. Setzen Sie den Braten dann unverzüglich in die Form im Backofen, damit die Anbratwärme nicht verloren geht.

Die Ofentemperatur schwankt

Für ein optimales Ergebnis ist eine konstante Backofentemperatur von 80° erforderlich. Schon ein gelegentliches Absinken auf 70° verzögert den Garvorgang enorm, bei 60° kommt er ganz zum Stillstand. Umgekehrt trocknet mageres Fleisch bei sehr langen Garzeiten bei 90°–100° auf Dauer aus. Kontrollieren Sie die Ofentemperatur deshalb regelmäßig, wenn Sie Ihren Herd noch nicht so gut kennen. Steigt sie zwischendurch an, öffnen Sie die Backofentür so lange, bis der Ofen wieder auf 80° abgekühlt ist. Ist sie zu niedrig, schalten sie die Temperatur kurzfristig höher. Apropos »der Garvorgang kommt zum Stillstand«: Das können Sie sich zu Nutze machen, wenn sich Ihre Gäste verspäten oder Sie mit der Vorspeise länger brauchen als geplant: Reduzieren Sie in diesem Fall die Ofentemperatur auf 60°. Kleine Braten bleiben so ca. 30 Min., große sogar bis zu 1 Std. nahezu unverändert.

Damit die warme Luft den Braten ungehindert umspielen kann, garen Sie ihn in einer flachen Form.

Superzart, aber leider nur lauwarm?

Das bei 80° gegarte Fleisch ist innen naturgemäß nur warm. Servieren Sie es deshalb, so schnell es geht. Tranchieren Sie den Braten sofort und richten Sie ihn direkt auf vorgewärmten Tellern an (siehe S. 18). Beilagen und Sauce sollten möglichst heiß sein.

Lust auf eigene Experimente?

Nur zu, die Garzeitentabelle auf S. 13 beinhaltet alle im Buch verwendeten Fleischstücke. Daran können Sie sich orientieren. Eine noch umfangreichere Tabelle finden Sie unter www.margit-proebst.de. Da werden Sie ganz bestimmt fündig!

Fleischstück	Anbraten	Auf dem Herd
Schweinelende (2,4 kg)	8–10 Min.	1 Std. 30 Min
Kalbsfilet (350 g)	5–6 Min.	45 Min.
Kalbsnuss (1,6 kg)	8–10 Min.	2 Std.
Rinderhochrippe (800 g)	7–8 Min.	1 Std. 30 Min.
Rinderlende (400 g)	5–6 Min.	1 Std.
Rinderschulter oder -keule (350 g)	5–6 Min.	1 Std.
Rinderschulter (1,2 kg)	8–10 Min.	2 Std. 30 Min.
Sauerbraten (Rinderschulter oder -hüfte, 800 g)	7–8 Min.	2 Std.
Wildschweinschulter oder -keule (800 g)	6–7 Min.	1 Std. 15 Min.
Wildschweinschulter oder -keule (2 kg)	8–10 Min.	2 Std.

Fleischstück	Anbraten	Im Backofen
Jungschweinekeule (mit Schwarte, 1,5 kg)		2 Std. bei 200°
Schweinefilet (ganz)	6–7 Min.	40 Min. bei 180°
Schweinelende (800 g–1 kg)	6–7 Min.	1 Std.–1 Std. 30 Min. bei 180°
Schweinenacken (2,5 kg)	8–10 Min.	1 Std. bei 200° + 1 Std. 30 Min. bei 180°
Schweineschulter (mit Schwarte, 1,2 kg)		2 Std. bei 220°
Spanferkelrücken (mit Knochen, 1,2 kg)	8–10 Min.	1 Std. 30 Min. bei 180°
Kalbsbrust (1 kg)	8–10 Min.	2 Std. 20 Min. bei 150°
Kalbsbrust (1,2 kg, gefüllt)	8–10 Min.	2 Std. bei 200°
Kalbsfilet (600 g)	5–6 Min.	45–50 Min. bei 160°
Kalbshaxe (1,8 kg)	8–10 Min.	2 Std. 30 Min.–3 Std. bei 180°
Kalbskarree (1 kg)	5–6 Min.	1 Std. 30 Min. bei 180°
Kalbsnuss (800 g–1 kg)	7–8 Min.	1 Std.–1 Std. 30 Min. bei 180°
Chateaubriand (800 g)	7–8 Min.	40 Min.–1 Std. bei 160°
Entrecôte (400 g)	4–5 Min.	25 Min. bei 180°
Roastbeef (2 kg)	5–6 Min.	35–45 Min. bei 180°
Lammkarree (400 g)	5–6 Min.	50 Min. bei 150°
Lammkeule (mit Knochen, 2,5 kg)		1 Std. 30 Min.–2 Std. bei 200°
Lammrücken (mit Knochen, 1,5 kg)	5 Min.	1 Std. bei 180°
Lammrückenfilet (ganz)	4–5 Min.	10–12 Min. bei 150°
Milchlammschulter (500 g)	6–7 Min.	1 Std. 45 Min. bei 160°
Zickleinkeule (mit Knochen, 1,2 kg)	8–10 Min.	1 Std. 30 Min. bei 180°
Rehkeule (ohne Knochen, ca. 1,5 kg)	8–10 Min.	1 Std. 30 Min. bei 180°
Rehrücken (mit Knochen, 1,5 kg)		1 Std. 10 Min. bei 180°
Rehrückenfilet (ganz)	4–5 Min.	40 Min. bei 180°
Hirschkeule (ohne Knochen, 1,2 kg)	6–8 Min.	1 Std. 30 Min. bei 180°
Hirschrückenfilet (350 g)	5–6 Min.	50 Min. bei 180°
Hirschrückenfilet (800 g)	6–7 Min.	25–30 Min. bei 180°
Doppelte Entenbrust (500 g, gefüllt)	10–12 Min.	45 Min. bei 175°
Ente (2,5 kg)		2 Std. 30 Min. bei 180°
Gans (4 kg)		45 Min. bei 220° + 2 Std. 30 Min. bei 180°
Gans (5 kg, gefüllt)		45 Min. bei 220° + 3 Std. bei 180°
Hähnchen (1 kg)		1 Std. 5 Min.–1 Std. 15 Min. bei 200°
Perlhuhn (900 g)		1 Std. bei 200°
Poularde (1,6 kg)		1 Std. 15 Min.–1 Std. 30 Min. bei 200°
Putenbrust (1,2 kg)	7–8 Min.	1 Std. 30 Min.–1 Std. 40 Min. bei 180°
Truthahn (5 kg)		5 Std. bei 180°
Wildente (800–900 g)		1 Std. bei 200°

Fleischstück	Anbraten	Garen bei 80°	Kerntemperatur
Schwein			
Filet (ganz)	6–7 Min.	1 Std. 45 Min.	65°
Lende (800 g–1 kg)	6–7 Min.	2 Std. 30 Min.–3 Std.	65°
Lende (2,4 kg)	8–10 Min.	3 Std.–3 Std. 30 Min.	65°
Nacken (2,5 kg)	30 Min. bei 240°	5 Std.	65°
Schulter (1,2 kg)	8–10 Min.	4 Std. 30 Min.	65°
Spanferkelschulter oder -keule (600 g)	5–6 Min.	2 Std. 30 Min.	65°
Kalb			
Filet (350–600 g)	5–6 Min.	1 Std. 30 Min.	60°
Haxe (1,8 kg)	30 Min. bei 240°	3 Std.	60°
Karree (1 kg)	5–6 Min.	4 Std.	60°
Nuss (800 g–1,2 kg)	7–8 Min.	2 Std. 30 Min.–3 Std.	60°
Nuss (1,6 kg)	8–10 Min.	4 Std.	60°
Rind			
Chateaubriand (800 g)	7–8 Min.	1 Std. 45 Min.	55°
Entrecôte (400 g)	4–5 Min.	1 Std. 30 Min.	60°
Filet (350–600 g)	5–6 Min.	1 Std. 30 Min.	60°
Hochrippe (800 g)	7–8 Min.	2 Std.	60°
Hochrippe (1,2 kg)	8–10 Min.	2 Std. 30 Min.	60°
Rinderlende (350 g)	5–6 Min.	1 Std. 45 Min.	55°–60°
Roastbeef (2 kg)	10 Min.	2 Std. 30 Min.–3 Std. 30 Min.	55°–70°
Lamm und Wild			
Lammkarree (400 g)	5–6 Min.	1 Std. 30 Min.	55°
Lammkeule (mit Knochen, 2,5 kg)	30 Min. bei 240°	3 Std. 30 Min.	60°
Lammrücken (mit Knochen, 1,5 kg)	25 Min. bei 240°	1 Std. 45 Min.	60°
Lammrückenfilet (ganz)	4–5 Min.	30 Min.	55°
Milchlammschulter (500 g)	6–7 Min.	2 Std. 30 Min.	60°
Zickleinkeule (mit Knochen, 1,2 kg)	8–10 Min.	3 Std.–3 Std. 30 Min.	60°
Rehkeule (ohne Knochen, 1,5 kg)	8–10 Min.	5 Std.	60°
Rehrücken (mit Knochen, 1,5 kg)	8–10 Min.	2 Std. 30 Min.	60°
Rehrückenfilet (ganz)	4–5 Min.	1 Std. 15 Min.	60°
Hirschkalbsrückenfilet (600 g)	5–6 Min.	2 Std.	60°
Hirschrückenfilet (350 g)	5–6 Min.	1 Std. 45 Min.	60°
Hirschrückenfilet (800 g)	6–7 Min.	2 Std.–2 Std. 30 Min.	60°
Hirschschulter oder -keule (ohne Knochen, 800 g)	6–7 Min.	2 Std. 30 Min.–3 Std.	60°
Hirschschulter oder -keule (ohne Knochen, 1,2 kg)	6–8 Min.	4 Std. 30 Min.	60°
Wildschweinschulter oder -keule (ohne Knochen, 800 g)	6–7 Min.	2 Std. 30 Min.–3 Std.	65°
Wildschweinschulter oder -keule (ohne Knochen, 2 kg)	30 Min. bei 240°	4 Std.	65°
Geflügel			
Doppelte Entenbrust (500 g, gefüllt)	10–12 Min.	2 Std.	65°
Ente (2,5 kg)	1 Std. bei 220°	5 Std.	70°
Gans (4 kg)	1 Std. bei 220°	7 Std.	70°
Putenbrust (1,2 kg)	7–8 Min.	4–5 Std.	70°
Truthahn (5 kg)	1 Std. bei 220°	7 Std.	70°

Fonds für Saucen

Die Basis jeder guten Sauce ist ein gehaltvoller Fond aus Fleischknochen, Gemüse, Gewürzen und Wein. Für die schnelle Küche können Sie auf fertigen Fond aus dem Glas zurückgreifen. Beim selbst gemachten allerdings wissen Sie genau, was drin ist! Die Zubereitung ist ganz einfach, braucht aber viel Zeit und Geduld. Am besten bereiten Sie gleich eine größere Menge zu und frieren den Fond, den Sie nicht gleich weiterverarbeiten, portionsweise ein.

Kalbsfond

6 EL neutrales Pflanzenöl
2 kg Kalbsknochen (beim Metzger vorbestellen und in Stücke hacken lassen)
400 g Zwiebeln
je 300 g Möhren, Petersilienwurzeln und Knollensellerie
4 Knoblauchzehen
2 Zweige frischer Rosmarin
1 Bund frischer Thymian
2 EL Tomatenmark
600 ml trockener Weißwein
1 TL schwarze Pfefferkörner
2 Lorbeerblätter

Für ca. 2 l | ca. 30 Min. Zubereitung
ca. 4 Std. Garzeit

1 Den Backofen auf 200° vorheizen. Einen Bräter mit 3 EL Öl ausreiben, die Knochen hineingeben und im heißen Ofen (Mitte, Umluft 180°) in ca. 20 Min. braun rösten, dabei einmal wenden.

2 Inzwischen die Zwiebeln schälen und grob hacken. Möhren und Petersilienwurzeln waschen, putzen und in dicke Scheiben schneiden. Den Sellerie schälen und grob würfeln. Den Knoblauch ungeschält zerdrücken. Die Kräuter waschen.

3 Einen großen Suppentopf (mind. 7 l Fassungsvermögen) erhitzen, das übrige Öl hineingeben. Zwiebeln und Gemüse darin bei starker Hitze unter Rühren 4–5 Min. anbraten. Das Tomatenmark dazugeben und unter Rühren 2 Min. mitbraten.

4 Den Bräter aus dem Backofen nehmen, die Knochen in den Suppentopf geben. Den Bratensatz mit dem Weißwein ablöschen und loskochen, in den Suppentopf dazugeben. Mit ca. 4,5 l Wasser bedecken. Knoblauch, Kräuter, Pfefferkörner und Lorbeerblätter hinzufügen, einmal aufkochen und 4 Std. bei schwacher Hitze offen kochen lassen.

5 Den Fond durch ein feines Sieb in einen anderen Topf abgießen, Knochen, Gemüse usw. gut abtropfen lassen bzw. ausdrücken, dann wegwerfen. Den Fond vollständig abkühlen lassen. Portionsweise (1/4 l und 400 ml sind häufig gebrauchte Mengen) in Gefrierbeutel oder -dosen abfüllen und beschriften (Haltbarkeit ca. 3 Monate).

TIPP **Noch aromatischer wird die Saucenbasis, wenn Sie den abgesiebten Fond in weiteren 4 Std. bei schwacher Hitze auf ca. ein Drittel zu konzentriertem Kalbsjus reduzieren. Lässt sich ebenfalls einfrieren (für eine Sauce für 4 Personen brauchen Sie 150 ml).**

Wildfond

200 g Zwiebeln | 150 g Möhren
150 g Knollensellerie | 2 Knoblauchzehen
1 Zweig frischer Rosmarin
3 Zweige frischer Thymian
3 EL neutrales Pflanzenöl
1 kg Wildknochen (beim Händler klein hacken lassen)
1 EL Tomatenmark | 300 ml trockener Rotwein
4 getrocknete Steinpilze | 3 Wacholderbeeren
1 TL schwarze Pfefferkörner | 2 Lorbeerblätter

Für 1 l | ca. 30 Min. Zubereitung | ca. 4 Std. Garzeit

1 Zwiebeln, Gemüse, Knoblauch und Kräuter wie beim Kalbsfond beschrieben vorbereiten. Einen Suppentopf erhitzen, das Öl hineingeben. Knochen, Zwiebeln, Gemüse und Tomatenmark darin bei starker Hitze in 12–15 Min. goldbraun anbraten. Mit dem Wein ablöschen, 5 Min. einkochen lassen.

2 Mit 2,5 l Wasser bedecken, Knoblauch, Kräuter, Pilze und Gewürze hinzufügen, aufkochen und ca. 4 Std. bei schwacher Hitze offen kochen lassen. Wie beim Kalbsfond Step 5 beschrieben fertigstellen. Lässt sich in ca. 2 Std. zu **Wildjus** einkochen.

VARIANTE Für Lammfond nehmen Sie Lammknochen und lassen Wacholderbeeren und Pilze weg. Für Lammjus den Fond bei schwacher Hitze auf ein Drittel reduzieren.

Geflügelfond

200 g Zwiebeln | 150 g Möhren
3 Stangen Staudensellerie | 150 g Lauch
1 Knoblauchzehe | 1 Bund Petersilie
3 Zweige frischer Estragon
1 große rote Chilischote | 1 Tomate
3 EL neutrales Pflanzenöl
1 kg Hähnchenkarkassen (beim Händler vorbestellen)
300 g Hühnerflügel | 200 ml trockener Weißwein
2 Lorbeerblätter | 2 Gewürznelken
1 TL schwarze Pfefferkörner

Für 1 l | ca. 30 Min. Zubereitung | ca. 4 Std. Garzeit

1 Zwiebeln, Gemüse, Knoblauch und Kräuter wie beim Kalbsfond beschrieben vorbereiten. Chilischote und Tomate waschen. Einen Suppentopf erhitzen, das Öl hineingeben. Hähnchenkarkassen, Hühnerflügel und Gemüse darin bei starker Hitze in 12–15 Min. goldbraun anbraten. Mit Wein ablöschen, 5 Min. einkochen lassen.

2 Mit 2,5 l Wasser bedecken, Chili, Tomate, Knoblauch, Kräuter und Gewürze dazugeben, aufkochen und ca. 4 Std. bei schwacher Hitze offen kochen lassen. Wie beim Kalbsfond Step 5 beschrieben fertigstellen. Nach Belieben in ca. 2 Std. zu **Geflügeljus** einkochen.

VARIANTE Für Entenfond verwenden Sie Entenkarkassen, Hals und Flügelspitzen. Den erkalteten Fond entfetten.

Feine Saucen zu Niedrigtemperatur-Braten

Da beim Niedrigtemperaturgaren der Saft überwiegend im Fleisch bleibt, entsteht nur wenig Sauce. Die bereiten Sie mit Röstgemüse, Wein und Gewürzen aus dem Bratensatz, der beim Anbraten in der Pfanne oder im Bräter zurückbleibt, separat zu.

Rosmarinjus zu Lamm

1 Zwiebel | 1 Möhre
1 Stück Knollensellerie
1 kleine Stange Lauch
2 Knoblauchzehen
3 Zweige frischer Rosmarin
1 EL Olivenöl
500 g Lammknochen
evtl. Abschnitte vom Parieren
1 TL Tomatenmark
400 ml trockener Rotwein
1 Lorbeerblatt | 1 Gewürznelke
40 g eiskalte Butter
Salz | Pfeffer

Für 4 Personen | ca. 20 Min. Zubereitung
ca. 1 Std. 40 Min. Garzeit

1 Die Zwiebel schälen und grob hacken. Möhre, Sellerie und Lauch waschen, putzen und grob würfeln. Knoblauch zerdrücken, Rosmarin waschen und trocken schütteln, die Nadeln abstreifen.

2 Den Bräter oder die Pfanne mit dem Bratensatz wieder erhitzen, das Öl hineingeben und die Knochen und Abschnitte darin bei mittlerer Hitze 4–5 Min. unter Rühren anbraten. Zwiebel, Gemüse, Knoblauch, 2/3 der Rosmarinnadeln und das Tomatenmark dazugeben und 2–3 Min. mitbraten. Mit Rotwein und 400 ml Wasser ablöschen. Lorbeerblatt und Gewürznelke hinzufügen, einmal aufkochen und bei schwacher Hitze 1 Std. 30 Min. einkochen lassen.

3 Durch ein Sieb in einen Topf abgießen, Knochen, Gemüse usw. wegwerfen. Den Fond bei schwacher Hitze weitere 10 Min. einkochen lassen. Den Saft, der sich in der Form des Niedrigtemperatur-Bratens gebildet hat, hinzufügen. Übrigen Rosmarin sehr fein hacken und dazugeben. Butter in Flöckchen unterrühren, bis die Sauce leicht bindet. Mit Salz und Pfeffer abschmecken.

VARIANTE Sie haben Lammjus (siehe S. 15) im Vorrat? Super! Für eine schnelle Rotweinsauce zu Lamm den Bratensatz erhitzen und mit 150 ml Rotwein und 150 ml Lammjus ablöschen. 10 Min. bei mittlerer Hitze kochen lassen. Den Bratensaft vom Niedrigtemperatur-Braten, der sich in der Form abgesetzt hat, und 1 EL fein gehackte Thymianblättchen unterrühren. Die Sauce mit eiskalter Butter binden und mit Salz und Pfeffer abschmecken.

Wacholderrahmsauce zu Wild

1 Zwiebel
1 Möhre
1 Petersilienwurzel
50 g durchwachsener Speck
1 EL neutrales Pflanzenöl
2–3 Wildknochen (vom Händler mitgeben lassen)
evtl. Abschnitte vom Parieren
1 EL Tomatenmark
800 ml Wildfond (Rezept S. 15 oder aus dem Glas)
1 EL Wacholderbeeren
1 Lorbeerblatt
150 g Crème fraîche
1 EL Johannisbeergelee
Salz
Pfeffer

Für 4 Personen | ca. 25 Min. Zubereitung
ca. 1 Std. 40 Min. Garzeit

VARIANTE Für eine schnelle Pilzrahmsauce 400 g frische Pilze (z. B. Steinpilze, Pfifferlinge, Egerlinge) putzen, in Scheiben schneiden oder vierteln und in 1 EL Butterschmalz 3–4 Min. anbraten. 150 ml Wildjus (siehe S. 15) mit 150 g Sahne 10 Min. einkochen lassen, die Pilze unterrühren und 2 Min. in der Sauce ziehen lassen. Mit Salz und Pfeffer abschmecken und 2 EL frisch gehackte Petersilie unterziehen. Mit Kalbsjus (siehe S. 14) zubereitet passt die Sauce zu Kalbsbraten und Schweinefilet.

1 Die Zwiebel schälen und hacken. Möhre und Petersilienwurzel putzen und grob zerkleinern. Den Speck klein würfeln. Den Bräter oder die Pfanne mit dem Bratensatz wieder erhitzen, das Öl hineingeben. Speck, Zwiebel, Knochen, Abschnitte, Gemüse und Tomatenmark darin ca. 10 Min. bei mittlerer Hitze anbraten. Mit dem Fond ablöschen, Wacholderbeeren und Lorbeer dazugeben, aufkochen und bei schwacher Hitze 1 Std. 30 Min. einkochen lassen.

2 Durch ein Sieb in einen Topf abgießen, Knochen, Gemüse usw. wegwerfen. Crème fraîche unterrühren und weitere 10 Min. einkochen lassen. Den Saft, der sich in der Form des Niedrigtemperatur-Bratens gebildet hat, hinzufügen. Das Johannisbeergelee unterrühren. Mit Salz und Pfeffer abschmecken.

Tranchieren und Servieren

Es ist so weit, Ihr Braten ist in Kürze servierbereit? Dann wärmen Sie eine Platte und die Teller vor. Bei einem Niedrigtemperatur-Braten stellen Sie sie einfach 10 Min. auf den Backofenboden. Ist der Ofen zu heiß, können Sie Teller und Platte auch im Waschbecken mit heißem Wasser bedecken. Legen Sie außerdem das Tranchierbrett (am besten eines mit Saftrille, in dem der Fleischsaft aufgefangen wird), Tranchiermesser und -gabel und eventuell eine Geflügelschere bereit.

Vor dem Anschneiden ruhen lassen

Einen Schmorbraten oder einen bei 180°–200° im Backofen zubereiteten Braten heben Sie auf die vorgewärmte Platte und lassen ihn mit Alufolie abgedeckt mindestens 5, besser 10 Min. ruhen. Bei Niedrigtemperatur-Braten ist diese Ruhezeit nicht erforderlich, weil sich bei 80° die Fleischsäfte auch während des Garprozesses gleichmäßig im Braten verteilen. Bei höherer Temperatur aber ziehen sie sich von den Randschichten in den Kern zurück. Schneiden Sie den Braten sofort an, blutet er schnell aus und das Fleisch verliert viel wertvollen Saft. In der Ruhezeit entspannt sich das Fleisch und die Fleischsäfte verteilen sich im gesamten Braten. Die Wartezeit nutzen Sie, um der Sauce den letzten Schliff zu verpassen und die Beilagen auf den vorgewärmten Tellern anzurichten.

Mit zwei Schnitten entlang des Brustbeins lassen sich die Brustfilets ganz leicht herauslösen.

Braten in Scheiben schneiden

Nach der Ruhezeit schneiden Sie einen Braten ohne Knochen einfach quer zur Faser in Scheiben. Beim Schnitt mit der Faser bekäme man nämlich lange Fleischfasern zu kauen. Selbst weich geschmortes Fleisch oder ein perfekter Niedrigtemperatur-Braten wirkt dadurch im Mund lange nicht so zart.
Bei einer Keule schneiden Sie auf der Fleischseite, am Knochenende beginnend, schräg bis knapp zum Knochen eine kleine Ecke heraus, das Fleischstück halten Sie dabei mit der Fleischgabel fest. Den nächsten Schnitt setzen Sie parallel dazu und schneiden die nächste Scheibe heraus usw. Das geschieht natürlich am besten bei Tisch vor den Augen der Gäste. Wer sich das nicht zutraut, tranchiert in der Küche und richtet das Fleisch auf einer vorgewärmten Platte an.

Geflügel tranchieren

Heben Sie das Hähnchen, die Ente oder den Truthahn auf ein Brett mit Saftrille. Zuerst ziehen Sie die Flügel etwas vom Geflügelkörper ab und schneiden sie mit einem scharfen Messer im Gelenk heraus. Dann schneiden Sie die Keulen heraus und teilen diese eventuell noch einmal in Ober- und Unterschenkel. Schließlich die beiden Brustfilets mit zwei Schnitten entlang des Brustbeins einschneiden, etwas ablösen und nah am Brustkorb herausschneiden. Die Brustfilets von großem Gefügel dann quer in Scheiben schneiden. Kleineres Geflügel wie Wildente, Perlhuhn und Hähnchen können Sie auch einfach mit einer Geflügelschere längs in zwei Hälften und mit einem Messer noch einmal quer in Keulen- und Bruststücke teilen.

Richtig warm halten

Wenn Sie Ihren Braten gleich mit Beilage und Sauce auf Tellern anrichten, schneiden Sie nur so viel vom Braten auf, wie gleich verspeist wird. Das übrige Bratenstück halten Sie samt Sauce und übrigen Beilagen für den Nachschlag bei 70° im Backofen warm. Bei einem Essen in großer Runde allerdings ist es oft praktischer, den ganzen Braten aufzuschneiden und in einem Rechaud oder auf einer Warmhalteplatte zu Tisch zu bringen.

Wenn vom Braten etwas übrig bleibt ...

Sie haben sehr großzügig gerechnet und es ist ein gutes Stück vom Festtagsbraten übrig geblieben? Kein Problem, daraus lässt sich noch viel Leckeres zaubern.

Aufwärmen

Durchgegarte Braten aus dem Ofen wärmen Sie im geschlossenen Bräter bei 140° im Backofen auf und lassen Stücke mit Haut eventuell anschließend noch ein paar Min. unter dem Backofengrill aufknuspern. Zum Aufwärmen von Niedrigtemperatur-Braten heizen Sie den Ofen auf 120° vor, versehen den Braten mit einem Bratenthermometer und erhitzen ihn bis zur gewünschten Kerntemperatur (er sollte dafür jedoch höchstens 1–2 Tage im Kühlschrank verbracht haben). Bereits in Scheiben geschnittener Braten mit Sauce hält sich zugedeckt im Kühlschrank 3–4 Tage. Zum Servieren in einem Topf im Wasserbad schonend aufwärmen.

Einfrieren

Sie können die Bratenreste natürlich auch einfrieren. Größere Stücke vakuumieren Sie am besten (Haltbarkeit 5–6 Monate). Zum Servieren aus der Hülle nehmen und über Nacht im Kühlschrank auftauen lassen. Bereits in Scheiben geschnittenen Schmorbraten bedecken Sie in einer Gefrierdose mit der Sauce und frieren ihn so ein (Haltbarkeit 2–3 Monate). Zum Servieren über Nacht im Kühlschrank auftauen lassen und im heißen Wasserbad langsam und schonend erhitzen.

Schnetzeln und aufbraten

So viel ist nicht geblieben? Kleinere Mengen verwenden Sie für Sandwiches (siehe rechts) oder peppen einen bunten Blattsalat damit auf. Reste von Schweine- oder Rinderbraten schmecken auch ausgezeichnet als zünftiges »Gröstl«: Pro Person 80–100 g Braten in Streifen schneiden. 3–4 Pellkartoffeln in Scheiben und 1/2 Zwiebel in Spalten schneiden. Eine Pfanne erhitzen, 1 EL Öl hineingeben und die Kartoffeln darin 4–5 Min. anbraten. Fleisch und Zwiebeln dazugeben und alles bei mittlerer Hitze unter gelegentlichem Wenden in weiteren 8–10 Min. goldbraun braten. Mit Salz, Pfeffer und nach Belieben etwas Kümmel würzen.

Braten-Sandwiches

Für Sandwiches Reste von Schweinebraten, Kalbsbraten, Roastbeef oder Geflügel quer zur Faser in ca. 2 mm dünne Scheiben schneiden. Je 2 Brötchenhälften oder Toastscheiben buttern oder mit Senf oder Mayonnaise bestreichen, mit Salatblättern und dem kalten Braten belegen. Mit Tomaten- und Gurkenscheiben garnieren und zusammenklappen – fertig ist ein leckerer Imbiss zum Mitnehmen ins Büro oder zum Gleich-Reinbeißen.

Resteverwertung de luxe: Kalter Braten in Aspik ist ein tolles Abendessen für warme Sommertage.

Kalter Braten in Aspik

Für 4 Personen 400 g kalten Braten (Schweinefleisch, Kalbfleisch oder Geflügel) in Scheiben schneiden. 1 dünne Stange Lauch putzen, waschen und in feine Streifen schneiden. 1 Möhre schälen und in feine Stifte schneiden. 1 Stange Staudensellerie waschen und in feine Scheiben schneiden. Das Gemüse 2 Min. in Salzwasser blanchieren, in Eiswasser abschrecken und abtropfen lassen. 8 Blatt weiße Gelatine in kaltem Wasser einweichen. 600 ml Gemüsefond (aus dem Glas) erhitzen. Mit 4 EL weißem Balsamicoessig, 4 EL Sherry medium, Salz und Pfeffer kräftig abschmecken. Gelatine ausdrücken und darin auflösen. Braten und Gemüse in vier tiefen Tellern anrichten, warmen Fond angießen und in ca. 2 Std. im Kühlschrank fest werden lassen.

FEINE STÜCKCHEN FÜR ZWEI

Zartes Geflügel sowie Filet und Lende von Schwein, Rind, Lamm und Wild verwandeln sich mit raffinierten Saucen und Beilagen in einen Festtagsschmaus für zwei Genießer.

Schweinefilet mit Apfel-Mandel-Füllung

5 getrocknete Apfelringe
100 ml Apfelsaft
2 EL Mandelstifte
350 g Schweinefilet (aus der Mitte)
Salz
Cayennepfeffer
1 ½ EL Butterschmalz
50 ml Sherry medium (oder Apfelsaft)
150 ml Geflügelfond (Rezept S. 15 oder aus dem Glas)
1 säuerlicher Apfel (z. B. Braeburn)
2 EL Sahne
Außerdem
Küchengarn

Für 2 Personen | ca. 40 Min. Zubereitung
1 Std. Einweichen | ca. 40 Min. Garzeit
Pro Portion ca. 415 kcal, 40 g EW, 20 g F, 18 g KH

1 Die Apfelringe in einem Schälchen mit dem Apfelsaft bedecken und 1 Std. einweichen. Die Mandelstifte in einem Pfännchen ohne Fett goldbraun rösten, abkühlen lassen. Die Apfelringe über dem Schälchen ausdrücken, fein hacken und mit den Mandelstiften mischen.

2 Den Backofen auf 180° vorheizen. Das Filet von evtl. vorhandenen Häutchen befreien und trocken tupfen. Längs so aufschneiden, dass man es wie ein Buch aufklappen kann. Das Fleisch von beiden Seiten mit Salz und Cayennepfeffer würzen, mit der aufgeschnittenen Seite nach oben auf die Arbeitsfläche legen. Die Apfelmischung darauf verteilen, dabei einen Rand von ca. 2 cm frei lassen, damit später nichts herausquellen kann. Das Filet zusammenklappen und mit Küchengarn zu einer Rolle binden (siehe S. 7).

3 Einen kleinen Bräter erhitzen, 1 EL Butterschmalz hineingeben und das gefüllte Filet darin bei mittlerer Hitze in 6–7 Min. von allen Seiten anbraten. Den Bratensatz mit dem Apfelsaft von den Apfelringen, dem Sherry und dem Geflügelfond ablöschen. Den Bräter in den heißen Ofen (Mitte, Umluft 160°) schieben und das Filet darin ca. 40 Min. garen, dabei zweimal wenden.

4 Inzwischen den Apfel schälen, das Kerngehäuse entfernen und das Fruchtfleisch in Spalten schneiden. Das übrige Butterschmalz in einem Pfännchen erhitzen und die Apfelspalten darin bei mittlerer Hitze von jeder Seite 1 Min. anbraten, beiseitestellen.

5 Den Bräter aus dem Ofen nehmen, das Filet in Alufolie wickeln. Die Sahne zum Bratfond geben und die Sauce auf dem Herd in 3–4 Min. cremig einkochen lassen. Die Apfelspalten hinzufügen und bei schwacher Hitze 2 Min. in der Sauce ziehen lassen. Die Sauce mit Salz und Cayennepfeffer abschmecken. Das Filet vom Küchengarn befreien und in Scheiben schneiden (den Saft, der sich in der Alufolie abgesetzt hat, zur Sauce geben). Mit der Sauce und den Apfelspalten auf vorgewärmten Tellern anrichten. Dazu schmecken Bandnudeln und ein fruchtiger Weißwein.

Für Niedrigtemperatur den Backofen samt einer ofenfesten Form auf 80° vorheizen. Das gefüllte Filet in einer Pfanne in 6–7 Min. rundherum (auch an den Enden) anbraten und in die Form umsetzen. Die Pfanne nicht ausspülen. Das Filet im Backofen (Mitte, keine Umluft) ca. 1 Std. 45 Min. garen, bis es eine Kerntemperatur von 65° erreicht hat. Ca. 20 Min. vor Ende der Garzeit den Bratensatz in der Pfanne wieder erhitzen, mit Apfelsaft, Sherry, Fond und Sahne ablöschen und einkochen lassen. Wie beschrieben die Apfelspalten zubereiten und hinzufügen. Sie können das Fleisch gleich aufschneiden, eine Ruhezeit in Alufolie ist nicht nötig.

FAZIT **Bei Niedrigtemperatur wird das Fleisch etwas saftiger und zarter, herkömmlich gebraten geht's schneller und die Sauce wird ein wenig aromatischer.**

Asia-Filet mit Tamarinden-Schalotten-Sauce

1 Stück frischer Ingwer (ca. 2 cm)
1 Knoblauchzehe
3–4 EL helle Sojasauce
350 g Schweinefilet (aus der Mitte)
3 EL neutrales Pflanzenöl
25 g gepresste Tamarinde (Asienladen)
150 g kleine Schalotten
100 ml Mirin (Reiswein aus dem Asienladen, ersatzweise Sherry medium)
1 EL Palmzucker (Asienladen, ersatzweise brauner Zucker)

Für 2 Personen | ca. 25 Min. Zubereitung
2 Std. Marinieren | ca. 1 Std. 45 Min. Garzeit
Pro Portion ca. 485 kcal, 41 g EW, 20 g F, 20 g KH

1 Den Ingwer schälen und fein reiben, den Knoblauch schälen und durchpressen. Beides mit 2 EL Sojasauce verrühren. Das Schweinefilet von evtl. vorhandenen Häutchen befreien, trocken tupfen und mit der Würzmischung einreiben. Das Fleisch zugedeckt bei Zimmertemperatur 2 Std. marinieren.

2 Den Backofen samt einer ofenfesten Form auf 80° vorheizen. Das marinierte Filet mit Küchenpapier abtupfen. Eine Pfanne erhitzen, 2 EL Öl hineingeben und das Filet darin bei mittlerer Hitze in 6–7 Min. von allen Seiten (auch an den Enden) anbraten. Das Fleisch in die Form umsetzen und im Backofen (Mitte, keine Umluft) ca. 1 Std. 45 Min. garen, bis es eine Kerntemperatur von 65° erreicht hat. Die Pfanne nicht ausspülen.

3 30 Min. vor Ende der Garzeit die gepresste Tamarinde 10 Min. in 100 ml lauwarmem Wasser einweichen. Die Schalotten schälen.

4 Die Pfanne wieder erhitzen, das übrige Öl zum Bratensatz geben und die Schalotten darin bei mittlerer Hitze unter Rühren 2–3 Min. anbraten. Mirin und Palmzucker hinzufügen. Die eingeweichte Tamarinde durch ein feines Sieb dazugießen und gut ausdrücken, die Kerne und Fasern wegwerfen. Einmal aufkochen und bei schwacher Hitze zugedeckt 15 Min. köcheln lassen. Mit 1–2 EL Sojasauce würzig abschmecken.

5 Das Filet herausnehmen, in Scheiben schneiden und mit den Schalotten und der Tamarindensauce auf vorgewärmten Tellern anrichten. Dazu schmecken Basmatireis, Thai-Spargel und ein kühles Pils.

Wenn Sie das Filet herkömmlich braten möchten, bereiten Sie es in einem Bräter zu: Das marinierte Filet auf dem Herd anbraten, mit dem Mirin ablöschen und bei 180° im vorgeheizten Backofen (Mitte, Umluft 160°) 20 Min. garen (bei Bedarf etwas Wasser angießen). Inzwischen die Schalotten schälen. Schalotten, Palmzucker und Tamarindensaft in den Bräter dazugeben. Das Filet wenden und in weiteren 20 Min. fertig garen.

FAZIT **Bei Niedrigtemperatur gegart wird das Fleisch zarter, bleibt saftiger und behält einen zartrosa Kern. Wer das Fleisch durchgebraten bevorzugt, bereitet es bei 180° zu, da geht's auch schneller.**

Schweinefilet mit Pancetta und Rosmarin

350 g Schweinefilet (aus der Mitte)
Salz
Pfeffer
80 g Pancetta in Scheiben (luftgetrockneter Schweinebauchspeck; ersatzweise Bacon)
1 Knoblauchzehe
2 Zweige frischer Rosmarin
2 EL Olivenöl
200 ml Kalbsfond (Rezept S. 14 oder aus dem Glas)
1–2 EL Zitronensaft
Außerdem
Küchengarn

Für 2 Personen | ca. 20 Min. Zubereitung
ca. 40 Min. Garzeit
Pro Portion ca. 365 kcal, 50 g EW, 17 g F, 3 g KH

1 Das Schweinefilet von evtl. vorhandenen Häutchen befreien und trocken tupfen. Rundherum mit wenig Salz (Pancetta bringt auch Salz mit) und reichlich schwarzem Pfeffer aus der Mühle würzen.

2 Die Pancettascheiben leicht überlappend auf der Arbeitsfläche zu einem Rechteck auslegen, das groß genug ist, um das Fleisch darin einzuwickeln. Den Knoblauch schälen, fein hacken und daraufstreuen. Die Rosmarinzweige waschen und trocken schütteln, die Nadeln abstreifen, grob hacken und ebenfalls daraufstreuen. Das Schweinefilet in die Mitte setzen, mit der Pancetta einwickeln und mit Küchengarn zu einer Rolle binden (siehe S. 7).

3 Den Backofen auf 180° vorheizen. Einen kleinen Bräter auf dem Herd erhitzen, das Öl hineingeben und das Fleisch im Pancettamantel darin bei mittlerer Hitze in 6–7 Min. rundherum anbraten. Mit einem Drittel des Kalbsfonds ablöschen. Den Bräter in den heißen Backofen (Mitte, Umluft 160°) schieben und das Fleisch darin ca. 40 Min. garen, dabei zweimal wenden und nach und nach den übrigen Kalbsfond angießen.

4 Den Bräter aus dem Backofen nehmen, das Schweinefilet herausheben und zugedeckt 5 Min. ruhen lassen. Den Bratensaft im Bräter aufkochen, evtl. mit ein wenig Wasser verlängern und mit Zitronensaft und Pfeffer abschmecken. Das Küchengarn vorsichtig entfernen, das Schweinefilet samt Pancettamantel in dicke Scheiben schneiden und mit dem Bratensaft auf vorgewärmten Tellern anrichten. Dazu schmecken knuspriges Ciabatta, ein bunter Salat mit Olivenöl-Balsamico-Dressing und ein leichter Rotwein.

Da die Pancetta bei 80° nicht knusprig wird, sollten Sie das Rezept für Niedrigtemperatur folgendermaßen abwandeln: Den Backofen samt einer ofenfesten Form auf 80° vorheizen. Das Filet mit Salz, Pfeffer, der Hälfte des Knoblauchs und des gehackten Rosmarins würzen. Das Fleisch (ohne Pancetta) in einer Pfanne in 6–7 Min. von allen Seiten (auch an den Enden) anbraten, in die Form umsetzen und im Backofen (Mitte, keine Umluft) ca. 1 Std. 45 Min. garen, bis es eine Kerntemperatur von 65° erreicht hat. 5 Min. vor Ende der Garzeit die Pancettascheiben nebeneinander in eine kalte Pfanne legen, den übrigen Rosmarin und Knoblauch darüberstreuen und 1 EL Olivenöl darüberträufeln. Erhitzen und anbraten, nach 2 Min. wenden und 1–2 Min. weiterbraten, bis der Bauchspeck knusprig braun ist. Mit Zitronenecken zum Beträufeln zum Schweinefilet servieren.

Kalbsfilet mit Estragon-Senf-Sauce und Spargel

Für das Kalbsfilet
350 g Kalbsfilet
Salz | Pfeffer
1 Bund frischer Estragon
3 EL neutrales Pflanzenöl
1 Schalotte
1 Knoblauchzehe
200 ml Kalbsfond (Rezept S. 14 oder aus dem Glas)
2 EL Crème fraîche
2 TL Dijon-Senf
Zucker
Für den Spargel
500 g weißer Spargel
Salz | Zucker
1 EL Butter

Für 2 Personen | ca. 50 Min. Zubereitung
ca. 1 Std. 30 Min. Garzeit
Pro Portion ca. 440 kcal, 42 g EW, 26 g F, 8 g KH

1 Den Backofen samt einer ofenfesten Form auf 80° vorheizen. Das Filet trocken tupfen, salzen und pfeffern. Den Estragon waschen und trocken schütteln, 2 Zweige abnehmen, den Rest in feuchtes Küchenpapier wickeln und zurück ins Gemüsefach des Kühlschranks legen (Estragon welkt extrem schnell!).

2 Eine Pfanne erhitzen, 2 EL Öl hineingeben und das Kalbsfilet darin bei mittlerer Hitze in 5–6 Min. rundherum (auch an den Enden) anbraten. 1 Estragonzweig in die Form im Backofen legen, das Fleisch daraufsetzen und den zweiten Zweig obenauf legen. Das Kalbsfilet ca. 1 Std. 30 Min. im Ofen (Mitte, keine Umluft) garen, bis es eine Kerntemperatur von 60° erreicht hat. Die Pfanne nicht ausspülen.

3 45 Min. vor Ende der Garzeit den Spargel schälen, trockene Enden abschneiden. In einem ausreichend breiten Topf 5 cm hoch Wasser mit je 1/2 TL Salz und Zucker und der Butter aufkochen. Den Spargel einlegen und bei mittlerer Hitze ca. 25 Min. garen.

4 Inzwischen die Schalotte und den Knoblauch schälen und fein hacken. Die Pfanne mit dem Bratensatz wieder erhitzen, das übrige Öl hinzufügen. Schalotte und Knoblauch darin unter Rühren glasig anbraten. Mit dem Kalbsfond ablöschen und bei mittlerer Hitze 15 Min. einkochen lassen.

5 Die Sauce durch ein feines Sieb in einen Topf umgießen. Crème fraîche und Senf dazugeben und in 5 Min. cremig einkochen lassen. Mit Salz, Pfeffer und 1 Prise Zucker abschmecken. Vom übrigen Estragon die Blätter abzupfen, grob hacken und unter die Sauce ziehen.

6 Den Spargel aus dem Sud heben, kurz abtropfen lassen und auf vorgewärmte Teller verteilen. Das Filet aus dem Ofen nehmen, die Estragonzweige entfernen und den Saft aus der Form unter die Sauce rühren. Das Fleisch in Scheiben schneiden, zum Spargel anrichten und mit der Sauce überziehen. Dazu schmecken neue Kartoffeln und ein fruchtiger Weißwein.

Für dieses Rezept ist Niedrigtemperatur die ideale Zubereitungsmethode, weil sie das zarte Kalbfleischaroma optimal zur Geltung bringt. Wenn Ihr Ofen das nicht zulässt, bereiten Sie das Kalbsfilet im Schmortopf auf dem Herd zu: Braten Sie es darin rundherum an, Schalotte, Knoblauch und 2 Estragonzweige dazugeben und mit der Hälfte des Kalbsfonds ablöschen. Dann bei mittlerer Hitze zugedeckt ca. 45 Min. garen, dabei einmal wenden und den übrigen Fond angießen. Zum Schluss das Fleisch herausnehmen, 10 Min. in Alufolie ruhen lassen und in der Zwischenzeit die Sauce fertigstellen (siehe Step 5).

Entrecôte mit Morchelrahmsauce und Romanesco

1 doppeltes Entrecôte (ca. 400 g)
Salz
Pfeffer
2 EL neutrales Pflanzenöl
1 kleiner Kopf Romanesco (ca. 500 g)
10 g getrocknete Morcheln
1 Schalotte
2 EL Butter
100 ml Wildfond (Rezept S. 15 oder aus dem Glas)
100 g Sahne
2 Stiele Petersilie

Für 2 Personen | ca. 50 Min. Zubereitung
ca. 1 Std. 30 Min. Garzeit
Pro Portion ca. 615 kcal, 51 g EW, 44 g F, 5 g KH

1 Den Backofen samt einer ofenfesten Form auf 80° vorheizen. Das Fleisch trocken tupfen, salzen und pfeffern. Eine Pfanne erhitzen, das Öl hineingeben und das Fleisch darin bei mittlerer Hitze in 4–5 Min. von allen Seiten anbraten. Das Entrecôte in die Form umsetzen und ca. 1 Std. 30 Min. im Ofen (Mitte, keine Umluft) garen, bis es eine Kerntemperatur von 60° erreicht hat. Die Pfanne nicht ausspülen.

2 40 Min. vor Ende der Garzeit die Röschen vom Romanescokopf schneiden, waschen und abtropfen lassen. Die Morcheln in einem Schraubglas mit kaltem Wasser bedecken und 15 Min. einweichen. Die Schalotte schälen und fein hacken.

3 In einem Topf mit Dämpfeinsatz 5 cm hoch Wasser erhitzen, den Romanesco in den Dämpfeinsatz geben, mit Salz bestreuen und zugedeckt in ca. 10 Min. weich dämpfen (wer keinen Dämpftopf hat, kocht den Romanesco 8–10 Min. in Salzwasser). Vom Herd nehmen, 1 EL Butter in Flöckchen über den Romanesco verteilen und schmelzen lassen, zugedeckt warm halten.

4 Die eingeweichten Morcheln in dem Schraubglas kräftig schütteln, damit der Sand, der sich gerne in den Lamellen der Pilze festsetzt, herausgespült wird. Die Morcheln ein zweites Mal waschen, in ein Sieb abgießen und abtropfen lassen.

5 Die Pfanne mit dem Bratensatz wieder erhitzen, die übrige Butter hinzufügen und die Schalotte darin 1 Min. unter Rühren andünsten. Mit Fond und Sahne ablöschen, aufkochen und bei starker Hitze 5 Min. einkochen lassen. Die Morcheln hinzufügen und alles bei schwacher Hitze 5–8 Min. zugedeckt köcheln lassen. Die Petersilie waschen und trocken schütteln, die Blätter fein schneiden und unter die Morchelrahmsauce rühren. Mit Salz und Pfeffer abschmecken.

6 Das Entrecôte aus dem Ofen nehmen, quer zur Faser in Scheiben schneiden und mit dem Romanesco und der Sauce auf vorgewärmten Tellern anrichten. Dazu schmecken Schupfnudeln (Rezept S. 91) oder Bandnudeln und ein trockener Weißwein.

Dank Niedrigtemperatur gelingt das zarte Rindfleisch perfekt rosig und saftig. Ihr Herd ist dafür ungeeignet? Dann braten Sie das Fleisch wie beschrieben an und garen es ca. 25 Min. bei 180° im vorgeheizten Backofen (Mitte, Umluft 160°). Vor dem Anschneiden 10 Min. in Alufolie gewickelt ruhen lassen.

GUT ZU WISSEN **Als Entrecôte bezeichnet man das ausgelöste Stück zwischen Hochrippe und Roastbeef vom Rind. Das Fleisch weist eine schöne Marmorierung durch feine Fettäderchen und zarte Fleischfasern auf und ist deshalb bei Kennern überaus geschätzt.**

Rinderfilet mit Johannisbeersauce und Vanillepüree

Für das Rinderfilet
350 g Rinderfilet
Salz | Pfeffer
2 EL neutrales Pflanzenöl
1 EL Butter (15 g) | 1 gestrichener EL Mehl
1 kleine Zwiebel
3 Zweige frischer Thymian
100 ml trockener Rotwein
100 ml Kalbsfond (Rezept S. 14 oder aus dem Glas)
2 Gewürznelken | 1 Lorbeerblatt
1 getrockneter Peperoncino
100 g rote Johannisbeeren
3 EL Cassis (schwarzer Johannisbeerlikör; ersatzweise
1 EL Johannisbeergelee + 2 EL Zitronensaft)
Für das Püree
500 g mehlig kochende Kartoffeln
Salz
1 Vanilleschote
⅛ l Milch | 2 EL Butter
Muskatnuss, frisch gerieben

Für 2 Personen | ca. 50 Min. Zubereitung
ca. 1 Std. 30 Min. Garzeit
Pro Portion ca. 720 kcal, 45 g EW, 38 g F, 44 g KH

1 Den Backofen samt einer ofenfesten Form auf 80° vorheizen. Das Fleisch trocken tupfen, salzen und pfeffern. Eine Pfanne erhitzen, das Öl hineingeben und das Filet darin in 5–6 Min. rundherum (auch an den Enden) anbraten. In die Form umsetzen und ca. 1 Std. 30 Min. im Ofen (Mitte, keine Umluft) garen, bis das Fleisch eine Kerntemperatur von 60° hat. Die Pfanne nicht ausspülen. Die Butter mit dem Mehl verkneten, in Folie wickeln und in den Kühlschrank legen.

2 Die Zwiebel schälen und fein hacken. Den Thymian waschen. Den Bratensatz in der Pfanne wieder erhitzen, die Zwiebel darin unter Rühren anbraten. Mit dem Rotwein und dem Fond ablöschen. Thymian, Nelken, Lorbeerblatt und Peperoncino dazugeben und alles bei mittlerer Hitze 30 Min. köcheln lassen.

3 Die Kartoffeln für das Püree schälen, in Stücke schneiden und in einem Topf mit Wasser bedecken. 1/2 TL Salz hinzufügen, aufkochen und die Kartoffeln in ca. 15 Min. weich kochen. Die Johannisbeeren waschen, 2 schöne Rispen beiseitelegen. Die übrigen Beeren von den Rispen streifen, zur Sauce geben und 10 Min. mitköcheln lassen.

4 Von den Kartoffeln das Wasser abgießen. Die Vanilleschote längs aufschneiden, das Mark herauskratzen. Die Milch mit Vanillemark und -schote in einem Töpfchen erhitzen. Die Kartoffeln mit einem Kartoffelstampfer fein zerstampfen (keinen Pürierstab verwenden!), wieder erwärmen und nach und nach so viel heiße Vanillemilch (Vanilleschote wegwerfen) unterrühren, dass ein luftiges Püree entsteht. Butter unterziehen, mit Salz und 1 Prise Muskat würzen. Zugedeckt warm halten.

5 Die Sauce durch ein feines Sieb in einen Topf abgießen und durchstreichen (Gewürze und Johannisbeerschalen und -kerne wegwerfen). Wieder aufkochen lassen und den Cassislikör hinzufügen. Weiterköcheln lassen und nach und nach mit einem Schneebesen so viel von der Mehlbutter in kleinen Flöckchen unterrühren, bis eine cremige Bindung entsteht. Mit Salz und Pfeffer abschmecken.

6 Das Filet aus dem Ofen nehmen, den Saft aus der Form zur Sauce geben. Das Fleisch in Scheiben schneiden. Mit dem Vanillepüree, der Sauce und den Johannisbeerrispen anrichten. Dazu schmecken Rosenkohl und ein reifer Rotwein mit Beerenaromen, z. B. Shiraz.

Für zartes Rinderfilet ist Niedrigtemperatur ideal, bei 55° Kerntemperatur ist es sehr rosa mit leicht blutigem Kern, bei 60° perfekt medium, also rosig und saftig. Wenn Sie durchgebratenes Rindfleisch bevorzugen, bereiten Sie ein Stück aus Schulter oder Keule im Schmortopf auf dem Herd **zu. Rotwein, Fond und Gewürze dürfen dabei gleich mitschmoren (mittlere Hitze, zugedeckt, Garzeit ca. 1 Std.).**

Rinderlende mit Ingwermöhren

1 Stück frischer Ingwer (ca. 4 cm)
2 Knoblauchzehen
1 große rote Chilischote
2 Orangen, davon 1 Bio-Orange
400 g Rinderlende
Salz
Pfeffer
2 EL neutrales Pflanzenöl
1 Bund junge Möhren (ca. 300 g)
30 g kandierter Ingwer
½ Bund Koriandergrün

Für 2 Personen | ca. 45 Min. Zubereitung
ca. 1 Std. Garzeit
Pro Portion ca. 455 kcal, 47 g EW, 19 g F, 23 g KH

1 Den Ingwer und den Knoblauch schälen und fein hacken. Die Chilischote waschen, längs aufschneiden, entkernen und in feine Streifen schneiden. Die Bio-Orange heiß waschen, abtrocknen und die Schale mit einem Zestenreißer in feinen Streifen abziehen. Anschließend beide Orangen auspressen.

2 Das Fleisch trocken tupfen und mit Salz und Pfeffer würzen. Einen Schmortopf erhitzen, das Öl hineingeben und die Lende darin bei mittlerer Hitze in 5–6 Min. von allen Seiten sorgfältig anbraten. Das Fleisch herausheben. Ingwer, Knoblauch und Chili im Bratensatz 1 Min. unter Rühren anbraten, mit der Hälfte des Orangensaftes ablöschen. Das Fleisch wieder einlegen und bei mittlerer Hitze 30 Min. zugedeckt schmoren lassen.

3 Inzwischen die Möhren schälen und in schräge Scheiben schneiden. Den kandierten Ingwer fein hacken. Das Fleisch im Schmortopf wenden, Möhren, kandierten Ingwer und Orangenzesten um das Fleisch verteilen und den übrigen Orangensaft angießen. Einmal aufkochen und weitere 30 Min. zugedeckt schmoren lassen, gelegentlich umrühren.

4 Das Koriandergrün waschen und trocken schütteln, die Blätter grob schneiden. Die Lende herausheben und zugedeckt 5 Min. ruhen lassen. Die Möhren mit Salz abschmecken und das Koriandergrün unterrühren. Das Fleisch quer zur Faser in Scheiben schneiden und mit den Ingwermöhren auf vorgewärmten Tellern anrichten. Dazu schmeckt ein fruchtiger Weißwein.

Wer das Fleisch mit Niedrigtemperatur zubereiten möchte, verrührt die Hälfte des frischen Ingwers, des Knoblauchs und der Orangenzesten mit 1 TL scharfem Senf und reibt die gesalzene und gepfefferte Rinderlende damit ein. Das Fleisch in 5–6 Min. rundherum in einer Pfanne anbraten und ca. 1 Std. 45 Min. bei 80° in einer ofenfesten Form im vorgeheizten Ofen (Mitte, keine Umluft) garen, bis es eine Kerntemperatur von 55°–60° erreicht hat. Für die Ingwermöhren den übrigen Ingwer und Knoblauch sowie die Chili in einer Schmorpfanne in 2 EL Öl anbraten, die Möhren dazugeben, mit 100 ml Orangensaft ablöschen. Bei mittlerer Hitze 5 Min. zugedeckt dünsten. Übrige Orangenzesten, kandierten Ingwer und 1 kräftige Prise Salz hinzufügen und in ca. 10 Min. zugedeckt fertig garen. Mit Koriandergrün garnieren.

FAZIT **Im Schmortopf verbinden sich die Aromen von Fleisch, Gewürzen und Möhren zu einer würzigen Mischung. Das Fleisch ist saftig, aber durchgebraten, die Möhren sind weich. Bei Niedrigtemperatur gegart behält das Fleisch je nach Kerntemperatur einen leicht blutigen bis zartrosa Kern, die Möhren haben Biss. Wählen Sie selbst, was Ihnen besser schmeckt!**

Lammrückenfilet mit Auberginen-Tomaten-Salat

Für den Salat
1 Aubergine (ca. 300 g)
Salz
4 EL Olivenöl
2 Strauchtomaten
1 kleine rote Zwiebel
½ Bund Petersilie
2 EL Zitronensaft
Zucker
Pfeffer
Für das Lammrückenfilet
2 Knoblauchzehen
3 Zweige frischer Thymian
1 großes Lammrückenfilet (ca. 280 g)
Salz
Pfeffer
1 EL Olivenöl

Für 2 Personen | ca. 40 Min. Zubereitung
ca. 30 Min. Garzeit
Pro Portion ca. 440 kcal, 31 g EW, 30 g F, 11 g KH

1 Die Aubergine waschen und den Stielansatz entfernen, erst in ca. 1 cm dicke Scheiben, dann diese in 1 cm große Würfel schneiden. Kräftig salzen und in einem Sieb 10 Min. Wasser ziehen lassen.

2 Den Backofen samt einer ofenfesten Form auf 80° vorheizen. Den Knoblauch schälen und halbieren. Den Thymian waschen und trocken schütteln, die Blättchen abstreifen. Das Fleisch von evtl. vorhandenen Häutchen befreien, trocken tupfen, salzen, pfeffern und in den Thymianblättchen wenden. Eine Pfanne erhitzen, das Öl und die Knoblauchhälften hineingeben und das Filet darin bei mittlerer Hitze in 4–5 Min. rundherum (auch an den Enden) anbraten. Das Fleisch in die Form setzen und im Ofen (Mitte, keine Umluft) ca. 30 Min. garen, bis es eine Kerntemperatur von 55° erreicht hat.

3 Inzwischen die Auberginenwürfel kalt abbrausen, gut abtropfen lassen und mit Küchenpapier sorgfältig trocken tupfen. Eine große Pfanne erhitzen, 2 EL Olivenöl hinzufügen und die Auberginenwürfel darin unter Rühren in 6–8 Min. braun braten. Vom Herd nehmen und lauwarm abkühlen lassen.

4 Die Tomaten waschen, quer halbieren, entkernen und ohne die Stielansätze in kleine Würfel schneiden. Die Zwiebel schälen und fein hacken. Die Petersilie waschen und trocken schütteln, die Blätter abzupfen und fein schneiden. Aus Zitronensaft, je 1 Prise Salz, Zucker und Pfeffer und dem übrigen Olivenöl ein Dressing rühren. Mit Auberginen- und Tomatenwürfeln, Zwiebel und Petersilie vermengen.

5 Das Filet aus dem Ofen nehmen, in Scheiben schneiden und mit dem lauwarmen Auberginensalat auf vorgewärmten Tellern anrichten. Dazu schmecken knuspriges Ciabatta und ein leichter Rotwein.

Für zartes Lammrückenfilet ist Niedrigtemperatur die perfekte Garmethode. Wenn Ihr Ofen dafür nicht geeignet ist, braten Sie das Fleisch wie beschrieben an und garen es dann 10–12 Min. bei 150° im vorgeheizten Backofen (Mitte, Umluft 140°).

GUT ZU WISSEN **Bei jungen Lämmern hat ein ausgelöstes Rückenfilet oft kaum mehr als 200 g. Falls Sie nur kleine Filets bekommen, nehmen Sie 2 davon, braten sie von jeder Seite 2 Min. an und garen sie anschließend ca. 20 Min. bei 80° im Backofen.**
Die Knoblauchhälften werden nicht mitgegessen, sondern aromatisieren nur das Bratöl und verleihen dem Lammrückenfilet ein zartes Knoblaucharoma.

Orientalisches Lammkarree mit Kichererbsenpüree

Für das Püree
180 g getrocknete Kichererbsen
1 Knoblauchzehe
½ TL gekörnte Gemüsebrühe
½ TL Kurkuma
½ TL gemahlener Kreuzkümmel
1 EL Tahina (Sesampaste; Orientladen)
2–3 EL Zitronensaft
Salz
Cayennepfeffer
2 EL Olivenöl (nach Belieben)
Für die Lammkarrees
1 Knoblauchzehe
½ TL Korianderkörner
½ TL Kreuzkümmelkörner
Salz
Pfeffer
2 Lammkarrees (je ca. 400 g; beim Metzger vorbestellen und die Knochen freischaben lassen)
2 EL neutrales Pflanzenöl

Für 2 Personen | ca. 35 Min. Zubereitung
mind. 12 Std. Einweichen | ca. 1 Std. 30 Min. Garzeit
Pro Portion ca. 1370 kcal, 55 g EW, 108 g F, 44 g KH

1 Die Kichererbsen in einer Schüssel mit reichlich Wasser bedecken und mind. 12 Std. (am besten über Nacht) einweichen.

2 Den Backofen samt einer ofenfesten Form auf 80° vorheizen. Den Knoblauch für das Fleisch schälen und hacken. Mit Koriander und Kreuzkümmel sowie je 1/2 TL Salz und Pfeffer im Mörser zerstoßen. Das Fleisch kalt abwaschen, trocken tupfen, von Häutchen und Fettschicht befreien und mit der Würzmischung einreiben.

3 Eine große Pfanne erhitzen, das Öl hineingeben und die Lammkarrees darin bei mittlerer Hitze in 5–6 Min. rundherum anbraten. Nebeneinander in die Form setzen und im Ofen (Mitte, keine Umluft) ca. 1 Std. 30 Min. garen. Zum Ende der Garzeit das Bratenthermometer in die dickste Stelle des Fleisches, aber nicht bis zum Knochen stecken und die Karrees so lange weitergaren, bis sie eine Kerntemperatur von 55° (sehr rosig) bis 60° (medium) erreicht haben.

4 1 Std. vor Ende der Garzeit das Einweichwasser abgießen und die Kichererbsen in einem Topf mit frischem Wasser bedecken. Den Knoblauch schälen und hacken. Knoblauch, Brühe, Kurkuma und Kreuzkümmel zu den Kichererbsen geben, alles einmal aufkochen und bei mittlerer Hitze ca. 45 Min. kochen lassen, bis die Kichererbsen weich sind.

5 Das Kochwasser der Kichererbsen abgießen, dabei ca. 100 ml auffangen. Die Kichererbsen pürieren, Tahina und nach und nach so viel Kochwasser dazugeben, dass ein cremiges Püree entsteht. Das Püree mit Zitronensaft, Salz und Cayennepfeffer würzen und nach Belieben das Olivenöl unterrühren.

6 Die Lammkarrees aus dem Ofen nehmen, jeweils teilen und mit dem Kichererbsenpüree auf vorgewärmten Tellern anrichten. Dazu schmeckt ein reifer Rotwein mit Vanillearoma, z. B. ein Rioja.

Für rosa gebratenes Lammfleisch ist Niedrigtemperatur die ideale Garmethode. Wer das nicht so gerne mag, lässt die kleine Fettschicht auf dem Fleisch dran, brät die Karrees in einem Bräter an, gießt etwas Weißwein oder Gemüsebrühe an und gart sie ca. 50 Min. bei 150° **im vorgeheizten Backofen (Mitte, Umluft 140°).**

GUT ZU WISSEN **Achten Sie darauf, dass Ihr Metzger das Rückgrat entfernt, sonst haben Sie später beim Portionieren der Lammkarrees keine Chance, zwischen den Rippen durchzuschneiden!**

Lammrückenfilet im Kräuterblätterteig

225 g TK-Blätterteig (2 extragroße Scheiben)
je 1 Zweig frischer Thymian, Salbei und Lavendel
1 großes Lammrückenfilet (ca. 280 g)
Salz
Pfeffer
1 EL Olivenöl
2 Scheiben Parmaschinken (ca. 30 g)
etwas Mehl für die Arbeitsfläche
1 Eigelb
1 EL Sahne oder Milch

Für 2 Personen | ca. 30 Min. Zubereitung
ca. 25 Min. Garzeit
Pro Portion ca. 710 kcal, 39 g EW, 43 g F, 41 g KH

1 Die Blätterteigscheiben bei Zimmertemperatur nebeneinander auftauen lassen. Die Kräuter waschen und trocken schütteln, die Blätter fein hacken.

2 Das Lammrückenfilet von evtl. vorhandenen Häutchen befreien, trocken tupfen und rundherum mit wenig Salz (der Parmaschinken bringt auch Salz mit) und Pfeffer würzen. Eine Pfanne erhitzen, das Öl hineingeben und das Lammrückenfilet darin bei mittlerer Hitze in 3–4 Min. rundherum anbraten. Herausnehmen und lauwarm abkühlen lassen.

3 Den Backofen auf 200° vorheizen, ein Backblech mit Backpapier belegen. 1 Blätterteigscheibe auf die bemehlte Arbeitsfläche legen, die gehackten Kräuter daraufgeben und mit der anderen Blätterteigscheibe abdecken. Den Teig zu einem Rechteck ausrollen, das groß genug ist, um das Filet darin einzuwickeln. Das Fleisch mit dem Schinken umwickeln, auf den Teig setzen und darin einwickeln. Üppige Teigränder abschneiden (daraus nach Belieben kleine Formen ausstechen und die Oberfläche damit verzieren).

4 Das Lammrückenfilet im Blätterteig mit der Nahtstelle nach unten auf das Backblech setzen. Das Eigelb mit Milch oder Sahne verrühren und die Oberfläche damit bestreichen. Im heißen Backofen (Mitte, keine Umluft) ca. 25 Min. backen.

5 Das Filet aus dem Backofen nehmen. Mit einem scharfen Messer in 4 schräge Stücke schneiden und je 2 pro Teller anrichten. Dazu schmecken Blattspinat und ein kräftiger Rotwein.

Blätterteig geht bei 200° ohne Umluft perfekt auf und wird goldbraun und knusprig, Niedrigtemperatur ist dafür ungeeignet.

TAUSCH-TIPPS **Den Schinken können Sie nach Belieben durch blanchierte Wirsingblätter ersetzen. Auch Schweinefilet im Kräuterblätterteig schmeckt ausgezeichnet. Braten Sie das Filetstück 5–6 Min. an und lassen Sie das Blätterteigpäckchen 30 Min. im Ofen. Statt der gemischten Kräuter können Sie natürlich auch nur Thymian oder nur Rosmarin verwenden.**

EINKAUFS-TIPP **Wer die frischen Kräuter nicht im Garten oder auf der Fensterbank hat, kauft am besten einen gemischten Bund Kräuter der Provence.**

Rehrückenfilet mit Speckrosenkohl

5 Wacholderbeeren
5 schwarze Pfefferkörner
½ TL getrockneter Thymian
Salz
350 g Rehrückenfilet
2 EL neutrales Pflanzenöl
300 g Rosenkohl
1 Schalotte
4 Scheiben Bacon (Frühstücksspeck, ca. 25 g)
150 ml Wildfond (Rezept S. 15 oder aus dem Glas)
1 EL Butter
Muskatnuss, frisch gerieben
1 EL Quittengelee (oder Johannisbeergelee)
1 gehäufter TL Mehl

Für 2 Personen | ca. 45 Min. Zubereitung
ca. 1 Std. 15 Min. Garzeit
Pro Portion ca. 520 kcal, 42 g EW, 31 g F, 10 g KH

1 Den Backofen samt einer ofenfesten Form auf 80° vorheizen. Die Wacholderbeeren mit den Pfefferkörnern, dem Thymian und 1/4 TL Salz im Mörser fein zerstoßen. Das Fleisch kalt abwaschen, trocken tupfen und mit der Würzmischung einreiben. Eine Pfanne erhitzen, das Öl hineingeben und das Filet darin bei mittlerer Hitze in 4–5 Min. von allen Seiten (auch an den Enden) anbraten. In die Form umsetzen und im Ofen (Mitte, keine Umluft) ca. 1 Std. 15 Min. garen, bis das Fleisch eine Kerntemperatur von 60° erreicht hat. Die Pfanne nicht ausspülen.

2 30 Min. vor Ende der Garzeit den Rosenkohl waschen und von äußeren Blättern befreien, den Stielansatz abschneiden und die Schnittstellen kreuzförmig einschneiden (dadurch gart der Rosenkohl gleichmäßig). In einem Topf Wasser aufkochen, salzen und den Rosenkohl darin in 10–12 Min. bissfest kochen. Die Schalotte schälen und fein hacken. Den Bacon in millimeterfeine Würfelchen schneiden.

3 Die Pfanne mit dem Bratensatz wieder erhitzen, mit dem Wildfond ablöschen. Die Sauce bei starker Hitze 5 Min. einkochen lassen. Den Rosenkohl in ein Sieb abgießen und abtropfen lassen.

4 In einer zweiten Pfanne die Butter schmelzen. Schalotte und Bacon darin bei mittlerer Hitze 1 Min. anbraten. Den Rosenkohl dazugeben und 1–2 Min. durchschwenken. Mit Pfeffer und Muskat abschmecken.

5 Das Quittengelee in die Wildsauce einrühren. Das Mehl in einer Tasse mit 2 EL kaltem Wasser glatt rühren, mit dem Schneebesen unter die Sauce rühren und bei schwacher Hitze 2–3 Min. einkochen lassen.

6 Das Rehrückenfilet aus dem Ofen nehmen, in Scheiben schneiden und mit der Sauce und dem Speckrosenkohl auf vorgewärmten Tellern anrichten. Dazu passen Spätzle (Rezept S. 88) und ein reifer Rotwein.

Das Rehrückenfilet wird bei Niedrigtemperatur rosig, saftig und wunderbar aromatisch. Wenn Sie Wild lieber durchgebraten essen, braten Sie das Filet in einem Bräter an, gießen den Wildfond an und garen es bei 180° im vorgeheizten Backofen (Mitte, Umluft 160°) ca. 40 Min. (in der Zeit zweimal wenden und bei Bedarf noch etwas Fond angießen). Dabei kann es allerdings passieren, dass das magere Wildfleisch austrocknet. Belegen Sie es am besten mit dünnen Speckscheiben, die Sie vor dem Servieren wieder entfernen. Das Rehrückenfilet vor dem Anschneiden in Alufolie gewickelt 5 Min. ruhen lassen. In der Zwischenzeit die Sauce wie in Step 5 beschrieben fertigstellen.

Hirschrückenfilet mit Café-de-Paris-Butter

Für das Hirschrückenfilet
350 g Hirschrückenfilet
Salz
Pfeffer
½ TL Zimt
1 EL Butterschmalz
Für die Würzbutter
1 Schalotte
60 g sehr weiche Butter
3 EL Weißwein
1 Sardelle (in Öl)
1 Zweig frischer Estragon
½ TL Dijon-Senf
je 1 Prise Curry- und edelsüßes Paprikapulver
je 1 Prise getrockneter Thymian und Oregano
1 EL Cognac

Für 2 Personen | ca. 25 Min. Zubereitung
ca. 1 Std. 45 Min. Garzeit
Pro Portion ca. 560 kcal, 37 g EW, 43 g F, 1 g KH

1 Den Backofen samt einer ofenfesten Form auf 80° vorheizen. Das Fleisch kalt abwaschen und trocken tupfen. Mit Salz, Pfeffer und Zimt einreiben. Eine Pfanne erhitzen, das Butterschmalz hineingeben und das Filet darin bei mittlerer Hitze in 5–6 Min. rundherum (auch an den Enden) anbraten. Das Fleisch in die Form umsetzen und ca. 1 Std. 45 Min. im Ofen (Mitte, keine Umluft) garen, bis es eine Kerntemperatur von 60° erreicht hat.

2 Für die Würzbutter die Schalotte schälen und sehr fein hacken. 1 TL Butter in einem Pfännchen schmelzen, die Schalotte darin bei schwacher Hitze in 2 Min. glasig dünsten. Mit dem Wein ablöschen. Einkochen lassen, bis die Flüssigkeit vollständig verdampft ist. Die Sardelle abtropfen lassen und sehr fein würfeln. Den Estragon waschen und trocken schütteln, die Blätter abstreifen und fein hacken. Die übrige Butter in einer Schüssel mit dem Senf schaumig aufschlagen. Die Gewürze und den Cognac unterrühren, Weißweinschalotte, Sardelle und Estragon unterziehen.

3 Das Hirschrückenfilet aus dem Ofen nehmen, in Scheiben schneiden und mit der Café-de-Paris-Butter auf vorgewärmten Tellern servieren. Dazu passen Bandnudeln und ein trockener Rotwein.

Bei Niedrigtemperatur wird Hirschrückenfilet perfekt saftig und rosa, während bei herkömmlichem Braten im Backofen bei 180° **(ca. 50 Min. Garzeit) immer die Gefahr besteht, dass das Fleisch trocken wird. Wer Wild trotzdem lieber durchgebraten genießt, kann, um dem Austrocknen entgegenzuwirken, das Fleisch im Ofen mit Speck belegen.**

SCHON GEWUSST? **Nicht aus Frankreich, sondern aus der Schweiz: Das Urrezept der Café-de-Paris-Butter stammt aus den 1930er Jahren und geht auf Madame Bourbier, die Eigentümerin des Genfer »Restaurant du Coq d'Or«, zurück. Ihre Tochter nahm es mit ins »Café de Paris«, das Restaurant ihres Ehemannes Freddy Dumont. Die genaue Rezeptur ist bis heute geheim.**

VORRATS-TIPP **Sie können gleich eine größere Menge der Café-de-Paris-Butter herstellen und portionsweise einfrieren. Sie schmeckt nämlich auch vortrefflich zu Steaks, grünem Spargel oder als Füllung für im Ganzen in der Folie gegarte Forellen oder Bachsaiblinge.**

Honighähnchen mit Thymian und Lavendel

1 kleines Hähnchen (ca. 1 kg)
Salz
Pfeffer
6 Zweige frischer Thymian
6 Zweige frischer Lavendel mit Blüten
1 Bio-Zitrone
5 Knoblauchzehen
100 g kleine Schalotten
3 EL neutrales Pflanzenöl
300 ml trockener Weißwein (oder Gemüsefond + 2 EL Zitronensaft)
3 EL flüssiger Honig
100 g kleine schwarze Oliven

Für 2 Personen | ca. 25 Min. Zubereitung
ca. 1 Std. 5 Min. Garzeit
Pro Portion ca. 755 kcal, 77 g EW, 42 g F, 18 g KH

1 Den Backofen auf 200° vorheizen. Das Hähnchen innen und außen waschen und trocken tupfen, innen und außen mit Salz und Pfeffer würzen.

2 Die Kräuterzweige waschen und trocken schütteln. Die Zitrone heiß waschen, abtrocknen und vierteln. Die Knoblauchzehen ungeschält mit dem Messerrücken zerdrücken. Die Schalotten schälen. Die Zitronenstücke, 2 Knoblauchzehen und je 2 Kräuterzweige in den Hähnchenbauch stecken.

3 Das Öl in den Bräter geben, etwas verteilen und das Hähnchen mit der Brustseite nach unten hineinlegen. Von 2 Thymianzweigen und den übrigen Lavendelzweigen Blätter und Blüten abzupfen und über das Hähnchen streuen. Schalotten und übrigen Knoblauch darum herum im Bräter verteilen. Den Bräter in den heißen Backofen (Mitte, Umluft 180°) schieben und das Hähnchen darin 20 Min. braten. Dann die Hälfte des Weißweins angießen und weitere 20 Min. braten.

4 Inzwischen die Blättchen vom übrigen Thymian zupfen, hacken und mit dem Honig und 1 Prise Salz in einem Pfännchen erwärmen. Das Hähnchen mit dem Thymianhonig bestreichen, wenden und auf der Brustseite ebenfalls mit Thymianhonig einpinseln. Den übrigen Wein angießen und die Oliven hinzufügen. Weitere 20–25 Min. braten, das Hähnchen dabei noch einmal mit dem Rest des Honigs einpinseln. Um zu sehen, ob das Hähnchen fertig ist, stechen Sie in die Brust und in die dickste Stelle einer Keule. Wenn das leicht geht und dabei klarer Fleischsaft austritt, ist das Hähnchen fertig. Ist die Flüssigkeit noch rosig, noch 5–10 Min. weiterbraten (dann gegen Ende evtl. mit Alufolie abdecken, damit die Honigkruste nicht zu dunkel wird, und evtl. noch etwas mehr Weißwein angießen).

5 Das Hähnchen herausnehmen, mit der Geflügelschere teilen, die Füllung entfernen und wegwerfen. Die Hähnchenhälften teilen und zuerst jeweils ein Stück auf vorgewärmte Teller geben. Etwas von dem Bratensaft, den Schalotten und Oliven dazugeben und mit knusprigem Baguette und dem Weißwein, den Sie auch für die Sauce verwendet haben, servieren. (Den Rest vom Hähnchen halten Sie im Bräter im abgeschalteten Ofen für den Nachschlag warm.)

Hähnchen gelingen so, bei 200° im Backofen gebraten, am besten, eine gute Alternative ist ein Grillspieß. Niedrigtemperatur ist für ganze Hähnchen, ebenso wie für Perlhühner und Wildenten, nicht so gut geeignet. Die Haut wird nicht kross und das Fleisch am Knochen bekommt einen eher unangenehmen Geschmack. Großes Geflügel wie Ente, Gans oder Truthahn dagegen wird wunderbar schmackhaft und zart. Wichtig: Da das Fleisch bei Niedrigtemperatur nicht durchgebraten wird, sind beste Qualität und hygienische Verarbeitung immer oberstes Gebot!

Wildente auf Apfellinsen

1 Zwiebel
2 Möhren
2 Petersilienwurzeln
2 Zweige Petersilie
1 Wildente (800–900 g)
Salz
Pfeffer
3 EL neutrales Pflanzenöl
200 ml Entenfond (aus dem Glas)
1 Schalotte
120 g rote Linsen
¼ l Gemüsebrühe (Instant)
1 kleiner würziger Apfel (z. B. Gravensteiner)
2–3 TL Zitronensaft
1–2 EL Balsamico-Reduktion

Für 2 Personen | ca. 45 Min. Zubereitung
ca. 1 Std. Garzeit
Pro Portion ca. 1155 kcal, 79 g EW, 77 g F, 35 g KH

1 Den Backofen auf 200° vorheizen. Die Zwiebel schälen und grob schneiden. Möhren und Petersilienwurzeln schälen und in Scheiben schneiden. Die Petersilie waschen und trocken schütteln, die Blätter abzupfen und in feuchtes Küchenpapier gewickelt ins Gemüsefach des Kühlschranks legen. Die Stiele bereitlegen.

2 Die Wildente innen und außen waschen und trocken tupfen, innen und außen mit Salz und Pfeffer würzen. Einen kleinen Bräter erhitzen und 2 EL Öl hineingeben. Zwiebel, Möhren und Petersilienwurzeln darin 2 Min. bei starker Hitze unter Rühren anrösten. Mit 100 ml Entenfond ablöschen und die Petersilienstiele hinzufügen. Die Ente mit der Brust nach unten auf das Röstgemüse setzen und im heißen Ofen (Mitte, Umluft 180°) 20 Min. zugedeckt garen.

3 Den Deckel entfernen, die Wildente wenden und den übrigen Entenfond angießen. Offen ca. 40 Min. weitergaren, dabei die Wildente regelmäßig mit dem Bratfond begießen, damit sie nicht austrocknet.

4 20 Min. vor Ende der Garzeit die Schalotte schälen und fein hacken. Einen Topf erhitzen, das übrige Öl hineingeben und die Schalotte darin in 1 Min. glasig anbraten. Die Linsen hinzufügen und 1 Min. unter Rühren mitbraten. Die Gemüsebrühe angießen, alles einmal aufkochen und zugedeckt bei schwacher Hitze 8 Min. kochen lassen.

5 Inzwischen den Apfel schälen, das Kerngehäuse entfernen und das Fruchtfleisch in kleine Würfelchen schneiden. Zu den Linsen geben und 2–3 Min. mitgaren, bis die Linsen gerade gar sind, aber noch nicht zerfallen. Die Petersilienblätter fein schneiden und unter die Linsen rühren. Mit Salz, Pfeffer und Zitronensaft abschmecken, zugedeckt warm halten.

6 Die Wildente an der Brust und einer Keule einstechen: Wenn das leicht geht und der Fleischsaft klar ist, ist sie fertig. Den Bräter herausnehmen und die Ente auf eine ofenfeste Platte umsetzen. Die Backofentemperatur auf 220° erhöhen, den Grill zuschalten und die Ente im Ofen (Mitte) 5–6 Min. bräunen. Inzwischen den Bratfond durch ein feines Sieb in einen Topf abgießen, das Röstgemüse gut ausdrücken und wegwerfen. Die Sauce bei mittlerer Hitze 3–4 Min. einkochen. Die Balsamico-Reduktion unterrühren und die Sauce mit Salz und Pfeffer abschmecken.

7 Die Wildentenkeulen im Gelenk herausschneiden und die Brüste auslösen. Die Apfellinsen mittig auf vorgewärmte Teller geben, die Wildentenstücke daraufsetzen und die Sauce darum herumträufeln. (Wer sich das Auslösen der Entenbrüste nicht zutraut, teilt die Wildente einfach in zwei Hälften und serviert sie so.) Dazu schmeckt ein weicher Rotwein, z. B. Zweigelt.

Niedrigtemperatur ist für Wildenten ungeeignet **(vgl. Hähnchen, S. 46).**

Perlhuhn mit Chilibirnen und Pastinakenpüree

Für das Perlhuhn
1 Perlhuhn (ca. 900 g)
Salz | Pfeffer
ca. 1 TL getrockneter Oregano
1 EL Butter
120 g durchwachsener Speck in dünnen Scheiben
Für die Beilagen
2 kleine reife Birnen
ca. 300 ml Weißwein
1 große rote Chilischote
1 Zimtstange | 1 Sternanis
je 250 g mehlig kochende Kartoffeln und Pastinaken
Salz
100 ml Milch
Muskatnuss, frisch gerieben
30 g Butterschmalz
Außerdem
Küchengarn

Für 2 Personen | ca. 1 Std. Zubereitung
ca. 1 Std. Garzeit
Pro Portion ca. 1330 kcal, 10 g EW, 86 g F, 34 g KH

1 Den Backofen auf 200° vorheizen. Das Perlhuhn innen und außen waschen und trocken tupfen, innen und außen mit Salz, Pfeffer und Oregano würzen. Die Butter in den Bauch geben. Das Perlhuhn mit den Speckstreifen belegen und diese mit Küchengarn festbinden. Mit der Brustseite nach oben in einen flachen Bräter legen und ca. 1 Std. im heißen Backofen (Mitte, Umluft 180°) braten. Bei Bedarf nach und nach wenig Wasser angießen.

2 Inzwischen die Birnen schälen, die Stiele dabei dranlassen. In einen kleinen Topf geben, in dem sie gerade Platz haben, und so viel Wein angießen, dass sie ganz bedeckt sind. Die Chilischote waschen, in Scheiben schneiden und samt der scharfen Kerne hinzufügen. Zimt und Sternanis dazugeben, alles einmal aufkochen und zugedeckt bei schwacher Hitze ca. 15 Min. köcheln lassen. Dann vom Herd nehmen und abkühlen lassen.

3 Die Kartoffeln schälen und in Stücke schneiden. Die Pastinaken schälen. Vom dicken Teil ca. 3 cm in feine Scheiben hobeln und beiseitelegen. Den Rest grob würfeln und mit den Kartoffeln in einem Topf mit Wasser bedecken, 1/2 TL Salz hinzufügen, aufkochen und in ca. 15 Min. weich kochen.

4 Kartoffeln und Pastinaken in ein Sieb abgießen, abtropfen und ausdampfen lassen. Zurück in den Topf geben und mit dem Kartoffelstampfer (keinen Pürierstab verwenden, das macht das Püree zäh!) fein zerstampfen. Die Milch in einem Töpfchen erhitzen. Die Kartoffel-Pastinaken-Mischung wieder erwärmen und nach und nach so viel heiße Milch unterrühren, dass ein luftiges Püree entsteht. Mit Salz und Muskat abschmecken und zugedeckt warm halten.

5 Das Perlhuhn an der Brust und einer Keule einstechen: Wenn das leicht geht und der Fleischsaft klar ist, ist es fertig. Sonst noch 5 Min. weiterbraten. Auf einen Teller heben und im abgeschalteten Ofen warm halten. Den Bratensaft mit 2–3 EL Wasser loskochen. Das Butterschmalz in einer Pfanne schmelzen und die feinen Pastinakenscheiben darin bei mittlerer Hitze von jeder Seite in ca. 30 Sek. knusprig braten. Herausheben und auf Küchenpapier abfetten, leicht salzen.

6 Das Perlhuhn tranchieren (siehe S. 18), nach Belieben den Speck entfernen. Das Fleisch auf zwei vorgewärmten Tellern anrichten. Das Püree daneben anrichten und mit Pastinakenchips garnieren. Die Chilibirnen abtropfen lassen und dazulegen. Den Bratensaft um das Fleisch träufeln. Dazu passt ein kräftiger Rotwein.

Niedrigtemperatur **ist für Perlhühner** ungeeignet **(vgl. Hähnchen, S. 46).**

TIPP **Wer goldbraune knusprige Haut bevorzugt, entfernt den Speck nach 30 Min. Garzeit, damit das Perlhuhn Farbe annehmen kann. Ohne Speck schlägt jede Portion mit 865 kcal zu Buche.**

ZARTE BRATEN FÜR VIER

Ob im Backofen sanft gegart oder im Schmortopf auf dem Herd weich geschmort – so werden aus mittelgroßen Bratenstücken köstliche Schlemmerbraten für vier.

Schweinefilet mit Salsa verde und Lorbeerkartoffeln

800 g neue kleine Kartoffeln (z. B. Drillinge)
1 TL Kümmel
Salz
2 Stücke Schweinefilet (je ca. 350 g, aus der Mitte)
Pfeffer
4 EL Olivenöl
12 frische Lorbeerblätter
Für die Salsa verde
je ½ Bund Petersilie, Minze und Basilikum
2 EL kleine Kapern (in Lake)
4 Sardellen (in Öl)
2 EL Zitronensaft
4 EL Olivenöl extra vergine
Salz
Pfeffer

Für 4 Personen | ca. 30 Min. Zubereitung
ca. 40 Min. Garzeit
Pro Portion ca. 610 kcal, 41 g EW, 39 g F, 25 g KH

1 Die Kartoffeln gut waschen und in einem Topf mit Wasser bedecken. Den Kümmel und 1 TL Salz dazugeben, aufkochen und die Kartoffeln in ca. 15 Min. knapp gar kochen. Abgießen und abkühlen lassen.

2 Den Backofen auf 200° vorheizen, ein Blech mit Backpapier belegen. Das Fleisch von evtl. vorhandenen Häutchen befreien, trocken tupfen, rundherum mit Salz und Pfeffer würzen und mit 2 EL Olivenöl einreiben. Die Filets mit etwas Abstand zueinander auf das Blech legen. Die Kartoffeln ungepellt halbieren und mit dem übrigen Öl in einer Schüssel mischen, so dass alle ein wenig benetzt sind. Die Lorbeerblätter waschen und trocken tupfen. Kartoffeln und Lorbeerblätter um die Schweinefilets herum auf dem Blech verteilen. Im heißen Ofen (Mitte, Umluft 180°) ca. 40 Min. braten, dabei die Filets und die Kartoffeln einmal wenden.

3 Inzwischen für die Salsa verde die Kräuter waschen und trocken schütteln, die Blätter fein schneiden. Kapern und Sardellen abtropfen lassen und fein hacken. Alles mit dem Zitronensaft und dem Olivenöl verrühren und mit Salz und Pfeffer abschmecken.

4 Um zu testen, ob das Fleisch fertig ist, drücken Sie mit dem Daumen in die Mitte. Fühlt sich fest an? Dann ist es servierfertig. Gibt es noch weich nach, noch weitere 5–10 Min. braten. Herausnehmen und 5 Min. zugedeckt ruhen lassen. Dann in Scheiben schneiden und auf vorgewärmten Tellern anrichten. Die Kartoffeln salzen und mit der Salsa verde dazu servieren. Als Getränk passt ein leichter Rotwein.

Für Niedrigtemperatur den Backofen samt einer ofenfesten Form auf 80° vorheizen. Die Filets mit Salz und Pfeffer würzen und in 2 EL Olivenöl in einer Pfanne bei mittlerer Hitze in 6–7 Min. rundherum (auch an den Enden) anbraten. In die Form umsetzen und im Ofen (Mitte, keine Umluft) ca. 1 Std. 45 Min. garen, bis das Fleisch eine Kerntemperatur von 65° erreicht hat. Für die Lorbeerkartoffeln erhitzen Sie jeweils 2 EL Olivenöl in einer großen Pfanne und braten die vorgekochten Kartoffeln mit den Lorbeerblättern darin in zwei Portionen bei mittlerer Hitze unter gelegentlichem Wenden in jeweils 6–8 Min. knusprig braun (Vorsicht, wenn die frischen Lorbeerblätter in Kontakt mit dem heißen Öl kommen, kann es spritzen!). Die bereits fertigen Lorbeerkartoffeln im Backofen mit warm halten.

TIPPS Die Filetstücke aus der Mitte sind gleichmäßig dick und garen daher auch schön gleichmäßig. Falls Sie ganze Schweinefilets verwenden, so binden Sie die dünnen Enden mit Küchengarn zurück. Wenn Sie keine frischen Lorbeerblätter bekommen, ersetzen Sie sie durch die Nadeln von 3 Zweigen frischem Rosmarin.

Spanferkelrücken mit Frühlingsgemüse

Für den Spanferkelrücken
1 Spanferkelrücken (mit Knochen, ca. 1,2 kg; beim Metzger vorbestellen)
Salz | Pfeffer
1 großes Bund Suppengrün
2 EL neutrales Pflanzenöl
250–350 ml Kalbsfond (Rezept S. 14 oder aus dem Glas)
¼ l helles Bier
1 EL heller Saucenbinder (nach Belieben)
Für das Frühlingsgemüse
400 g junge Möhren | 2 junge Kohlrabi
500 g weißer Spargel | 200 g Zuckerschoten
Salz
1 Bund Bärlauch (wahlweise Basilikum)
40 g Butter | Zucker
Außerdem
Eiswürfel

Für 4 Personen | ca. 1 Std. 10 Min. Zubereitung
ca. 1 Std. 30 Min. Garzeit
Pro Portion ca. 695 kcal, 52 g EW, 44 g F, 13 g KH

1 Den Backofen auf 180° vorheizen. Das Fleisch kalt abwaschen und trocken tupfen. Die Schwarte mit einem scharfen Messer rautenförmig einschneiden. Rundherum mit Salz und Pfeffer einreiben. Das Suppengrün putzen, waschen und grob würfeln.

2 Einen Bräter erhitzen, das Öl hineingeben und das Fleisch darin bei mittlerer Hitze erst auf der Hautseite, dann auf der anderen Seite jeweils 4–5 Min. anbraten. Kurz herausheben und das Suppengrün unter Rühren 2–3 Min. im Bräter anbraten. Das Fleisch wieder hineinsetzen, 1/4 l Kalbsfond angießen. Im heißen Ofen (Mitte, Umluft 160°) ca. 1 Std. 30 Min. braten, dabei ca. alle 20 Min. mit etwas Bier begießen.

3 Möhren schälen, große schräg in dicke Scheiben schneiden. Kohlrabi schälen und in dicke Stifte schneiden. Spargel schälen, von trockenen Enden befreien und schräg in 3 cm breite Stücke schneiden. Zuckerschoten waschen, entfädeln und die Enden abknipsen.

4 In einem Topf Wasser aufkochen, salzen und nacheinander Spargel (3 Min.), Möhren (3 Min.), Kohlrabi (3 Min.) und Zuckerschoten (5 Min.) darin blanchieren. Jeweils mit einem Schaumlöffel herausholen und in Eiswasser abschrecken. In einem Sieb abtropfen lassen.

5 Den Bärlauch waschen und trocken schütteln, die Blätter fein schneiden. In einer großen Pfanne die Butter schmelzen. Die blanchierten Gemüse hineingeben, salzen, mit 1/2 TL Zucker bestreuen und bei mittlerer Hitze 5–6 Min. unter gelegentlichem Wenden braten. Den Bärlauch unterheben. Zugedeckt warm halten.

6 In einer Tasse 1 gestrichenen TL Salz mit 3 EL Wasser verrühren. Den Bräter herausnehmen und den Braten auf eine ofenfeste Platte setzen. Die Ofentemperatur auf 220° erhöhen, den Grill zuschalten. Den Braten mit der Salzlösung einpinseln und im Ofen (Mitte) 6–8 Min. grillen, dabei noch zweimal einpinseln.

7 Den Bratfond durch ein feines Sieb in einen Topf abgießen (Röstgemüse ausdrücken und wegwerfen), aufkochen, nach Bedarf mit etwas Fond verlängern und mit Salz und Pfeffer abschmecken. Nach Belieben den Saucenbinder einrühren und einkochen lassen. Den Spanferkelrücken entlang des Rückgrats auslösen und in Scheiben schneiden. Mit Sauce und Gemüse auf vorgewärmten Tellern anrichten. Dazu schmeckt helles Bier.

Für einen ganzen Spanferkelrücken ist die Zubereitung bei Niedrigtemperatur ungeeignet, weil die Schwarte dabei nicht knusprig würde. Sehr fein aber wird ein Spanferkelbraten ohne Schwarte und Knochen aus der Schulter oder Keule: Den Ofen samt einer ofenfesten Form auf 80° vorheizen. Ein Stück von 600 g würzen und in einer Pfanne in 5–6 Min. rundherum anbraten. In die Form umsetzen und im Ofen (Mitte, keine Umluft) ca. 2 Std. 30 Min. garen, bis das Fleisch eine Kerntemperatur von 65° erreicht hat. Für die Sauce den Bratensatz wieder erhitzen, 2–3 Schweineknochen und das Suppengrün darin anbraten. Mit je 1/4 l Kalbsfond und Bier ablöschen und ca. 1 Std. einkochen lassen. Durch ein Sieb abgießen und nach Belieben binden.

Florentiner Schweinebraten mit Kartoffelsalat

Für den Schweinebraten
1 kg Schweinelende (ausgelöstes Kotelettstück)
Salz
Pfeffer
3 Knoblauchzehen
2 EL Olivenöl
4 Zweige frischer Rosmarin
4 Zweige frischer Thymian
½ Bund Oregano
1 Lorbeerblatt
3 Gewürznelken
Für den Kartoffelsalat
800 g fest kochende Kartoffeln
Salz
6 eingelegte getrocknete Tomaten + 4 EL Einlegeöl
100 ml Gemüsebrühe (Instant)
2–3 EL Weißweinessig
Pfeffer (nach Belieben)
80 g schwarze Oliven
1 Bund Rucola
Außerdem
Küchengarn

Für 4 Personen | ca. 45 Min. Zubereitung
ca. 1 Std. Garzeit
Pro Portion ca. 585 kcal, 44 g EW, 28 g F, 26 g KH

1 Den Backofen auf 180° vorheizen. Das Fleisch von Haut und Fettschicht befreien und rundherum mit Salz und reichlich schwarzem Pfeffer aus der Mühle würzen. Den Knoblauch schälen, fein hacken und mit dem Olivenöl verrühren. Das Fleisch damit einreiben. Die Kräuterzweige waschen und trocken schütteln. Die Zweige um die Schweinelende legen und mit dem Küchengarn festbinden (siehe S. 7).

2 Den Braten in einen Bräter legen, 1/8 l Wasser angießen, das Lorbeerblatt und die Nelken dazugeben. Im heißen Ofen (Mitte, Umluft 160°) ca. 1 Std. braten, dabei zweimal wenden. Am Ende soll die Flüssigkeit vollständig verdampft sein.

3 Inzwischen die Kartoffeln waschen, in einem Topf mit Wasser bedecken, aufkochen und in ca. 25 Min. weich kochen. Die Kartoffeln abgießen und etwas ausdampfen lassen. Noch warm pellen und in Scheiben schneiden. In eine Schüssel geben und leicht salzen. Die getrockneten Tomaten in Streifen schneiden. Die Gemüsebrühe erhitzen, 2 EL Essig und das Tomaten-Einlegeöl unterrühren und nach Belieben pfeffern. Über die Kartoffeln gießen. Tomatenstreifen und Oliven untermischen und 30 Min. durchziehen lassen.

4 Den Braten herausheben und zugedeckt 10 Min. ruhen lassen. Den Rucola waschen und trocken schütteln, die groben Stiele entfernen, die Blätter kleiner zupfen. Den Kartoffelsalat noch einmal mit Salz und Essig abschmecken (die Kartoffeln absorbieren viel Würze) und den Rucola unterheben. Küchengarn und Kräuter vom Fleisch entfernen. Den Braten in Scheiben schneiden und mit dem Kartoffelsalat servieren.

Wenn Sie die Schweinelende bei Niedrigtemperatur zubereiten möchten, heizen Sie den Backofen samt einer ofenfesten Form auf 80° vor. Braten Sie das gewürzte Stück (noch ohne den Kräutermantel) in 2 EL Öl in 6–7 Min. rundherum (auch an den Enden) in einer Pfanne an. Dann binden Sie die Kräuterzweige darum (schnell arbeiten, damit die Anbratwärme nicht verloren geht), setzen das Fleisch in die Form um und garen es im Ofen (Mitte, keine Umluft) ca. 2 Std. 30 Min., bis das Fleisch eine Kerntemperatur von 65° erreicht hat.

FAZIT **Bei Niedrigtemperatur bleibt das Fleisch sehr saftig, behält aber einen blassrosa Kern, was bei Schweinefleisch nicht jedermanns Sache ist. Bei 180° wird der Braten etwas fester und das Fleisch ist durchgebraten.**

TIPP **Der Florentiner Schweinebraten schmeckt auch kalt ganz ausgezeichnet und eignet sich prima als Prunkstück für ein mediterranes Büfett.**

Schweinelende mit Macadamia-Möhren-Kruste

800 g Schweinelende (ausgelöstes Kotelettstück, ohne Haut und Fettschicht)
Salz
Pfeffer
2 TL scharfer Dijon-Senf
2 EL neutrales Pflanzenöl
150 g Möhren
100 g geröstete gesalzene Macadamianüsse
½ Bund Koriandergrün
2 Eiweiße
2 EL Semmelbrösel
abgeriebene Schale von ½ Bio-Orange

Für 4 Personen | ca. 40 Min. Zubereitung
ca. 2 Std. 30 Min. Garzeit
Pro Portion ca. 555 kcal, 45 g EW, 34 g F, 6 g KH

1 Den Backofen samt einer ofenfesten Form auf 80° vorheizen. Das Fleisch trocken tupfen, salzen, pfeffern und mit 1 TL Senf einreiben. Eine Pfanne erhitzen, das Öl hineingeben und die Lende darin bei mittlerer Hitze in 6–7 Min. rundherum (auch an den Enden) anbraten. In die Form umsetzen und ca. 2 Std. 30 Min. im Ofen (Mitte, keine Umluft) garen, bis das Fleisch eine Kerntemperatur von 65° erreicht hat.

2 20 Min. vor Ende der Garzeit die Möhren schälen und fein raspeln. Die Macadamianüsse grob hacken. Das Koriandergrün waschen und trocken schütteln, die Blätter abzupfen und fein schneiden. Die Eiweiße mit 1 Prise Salz zu Schnee schlagen. Möhrenraspel, Nüsse, Koriandergrün, übrigen Senf, Semmelbrösel und Orangenschale unter den Eischnee heben.

3 Die Schweinelende aus dem Ofen nehmen, die Temperatur auf 220° erhöhen. Die Oberfläche der Lende mit Küchenpapier trocken tupfen, die Möhren-Nuss-Masse darauf verteilen und gut andrücken (geht am besten mit den Händen). Den Backofengrill zuschalten und den Braten im Ofen (oben) 8–10 Min. überkrusten.

4 Den Braten herausnehmen, in Scheiben schneiden und vorsichtig (damit die Kruste nicht abfällt) auf vorgewärmten Tellern anrichten. Dazu schmecken ein bunter Salat mit Joghurt-Dressing und ein kräftiger Weißwein.

Sie hätten gerne eine Sauce dazu? Dann braten Sie die gewürzte Schweinelende in einem Bräter an, rösten 1 gehackte Zwiebel, etwas geschnittenes Röstgemüse (Möhre, Sellerieknolle, Lauch) und 1 TL Tomatenmark mit an und löschen das Ganze mit 200 ml Weißwein oder Gemüsebrühe ab. Die Lende bei 180° im vorgeheizten Backofen (Mitte, Umluft 160°) ca. 1 Std. garen. Dann den Braten auf eine ofenfeste Platte setzen, mit der Möhren-Nuss-Kruste versehen und wie beschrieben unter dem Backofengrill überkrusten. Inzwischen den Bratfond durch ein feines Sieb abgießen, aufkochen, abschmecken und nach Belieben binden.

TIPP **Wenn Sie die Schweinelende nur mit Haut und Fettschicht bekommen, dann nehmen Sie ein Stück von ca. 1 kg und parieren es selbst (siehe S. 7).**

Geschmorte Kalbsbrust mit Safran und Oliven

1 kg Kalbsbrust
Salz
Pfeffer
1 Zwiebel
4 Knoblauchzehen
3 Zweige frischer Thymian
1 Zweig frischer Salbei
½ Bund Petersilie
3 EL Olivenöl
1 Lorbeerblatt
400 ml Gemüsefond (aus dem Glas)
600 g reife Tomaten
2 Döschen Safranfäden (je 0,1 g)
je 150 g grüne und schwarze Oliven
Außerdem
Küchengarn (bei Bedarf)

Für 4 Personen | ca. 40 Min. Zubereitung
ca. 2 Std. 20 Min. Garzeit
Pro Portion ca. 530 kcal, 49 g EW, 33 g F, 9 g KH

1 Die Kalbsbrust trocken tupfen und mit Salz und Pfeffer einreiben, bei Bedarf binden. Zwiebel und Knoblauch schälen und hacken. Die Kräuter waschen und trocken schütteln. Die Blätter von der Petersilie zupfen und in feuchtes Küchenpapier gewickelt ins Gemüsefach des Kühlschranks legen, die Stiele bereitlegen.

2 Einen Schmortopf erhitzen, das Olivenöl hineingeben und die Kalbsbrust darin bei mittlerer Hitze in 8–10 Min. von allen Seiten anbraten. Zwiebel und Knoblauch dazugeben und 2 Min. mitbraten. Die Kräuterzweige, die Petersilienstiele und das Lorbeerblatt dazugeben und mit der Hälfte des Gemüsefonds ablöschen. Zugedeckt 10 Min. schmoren lassen.

3 Inzwischen die Tomaten kreuzförmig einritzen, mit kochendem Wasser überbrühen, kalt abschrecken und häuten. Die Tomaten quer halbieren, von Kernen befreien und in grobe Stücke schneiden, dabei die Stielansätze entfernen. Die Safranfäden in einer Tasse in 3 EL heißem Wasser auflösen. Tomaten und Safranlösung in den Schmortopf dazugeben und alles weitere 10 Min. zugedeckt schmoren lassen.

4 Den Backofen auf 150° vorheizen. Die Kalbsbrust wenden, die Oliven in den Schmortopf dazugeben und den übrigen Gemüsefond angießen. Zugedeckt im heißen Backofen (Mitte, Umluft 130°) in ca. 2 Std. fertig garen. Nach 1 Std. die Kalbsbrust noch einmal wenden.

5 Zum Servieren die Kräuterzweige entfernen, die Kalbsbrust quer zur Faser in Scheiben schneiden und mit der Sauce auf vorgewärmten Tellern servieren. Die Petersilienblätter hacken und darüberstreuen. Dazu schmecken mit Olivenöl verfeinertes Kartoffelpüree oder knuspriges Baguette zum Auftunken der aromatischen Sauce und ein leichter Rotwein.

Kalbsbrust schmeckt gefüllt (Rezept S. 107) oder wie hier langsam in würziger Sauce geschmort am besten. Für Niedrigtemperatur eignen sich Filet, Lende und Stücke aus Schulter und Keule besser.

EINKAUFS-TIPP **Diese geschmorte Kalbsbrust ist ein provenzalisches Gericht, für das im Original die milden kleinen Oliven aus der Gegend um Nizza zum Einsatz kommen. Wenn die nicht zu bekommen sind, können Sie auch grüne spanische Manzanillas und schwarze griechische Kalamata-Oliven verwenden. Und auch wenn's beim Essen etwas umständlicher ist: Oliven mit Kern sind immer ungleich aromatischer als bereits entkernte!**

LE CREUSET

Gefüllter Kalbsbraten auf korsische Art

800 g Kalbsbraten (Nuss oder Schulter)
5 Scheiben Pancetta (luftgetrockneter Schweinebauchspeck, ca. 40 g; ersatzweise 3 Scheiben Serranoschinken)
4 große weiche getrocknete Feigen
12 Walnusshälften
Salz
Pfeffer
2 EL Olivenöl
300 ml kräftiger Rotwein (vorzugsweise korsischer)

Außerdem
Küchengarn

Für 4 Personen | ca. 30 Min. Zubereitung
ca. 1 Std. Garzeit
Pro Portion ca. 340 kcal, 46 g EW, 15 g F, 6 g KH

1 Das Fleisch trocken tupfen. In den Braten längs eine tiefe Tasche einschneiden, so dass der Braten unten noch gut zusammenhält. Den Braten auseinanderklappen, die Innenseite mit der Pancetta, den Feigen und den Walnusshälften belegen. Zusammenklappen und mit Küchengarn binden (siehe S. 7). Den Braten außen mit Salz und Pfeffer würzen.

2 Den Backofen auf 180° vorheizen. Einen Bräter erhitzen, das Öl hineingeben und den Braten darin bei mittlerer Hitze in 7–8 Min. von allen Seiten anbraten. Die Hälfte des Weins darübergießen. Den Bräter in den heißen Ofen (Mitte, Umluft 160°) schieben und den Kalbsbraten darin 30 Min. braten, dabei alle 10 Min. mit dem Bratfond begießen. Dann das Fleisch wenden, den übrigen Wein angießen und den Kalbsbraten unter weiterhin regelmäßigem Begießen in ca. 30 Min. fertig braten.

3 Den Kalbsbraten herausheben und 10 Min. zugedeckt ruhen lassen. Den Bratfond auf dem Herd aufkochen und mit Salz und Pfeffer abschmecken. Den Braten vom Küchengarn befreien und in Scheiben schneiden. Vorsichtig, damit die Füllung nicht herausfällt, mit einem Pfannenwender auf vorgewärmte Teller heben und mit der Sauce überziehen. Dazu passen Maronenpüree (Rezept S. 137) und der Rotwein, den Sie auch zum Kochen verwendet haben.

Für die Zubereitung bei Niedrigtemperatur den Backofen samt einer ofenfesten Form auf 80° vorheizen. Den gefüllten Braten in einer Pfanne anbraten. In die Form umsetzen und ca. 2 Std. 30 Min. im Ofen (Mitte, keine Umluft) garen, bis das Fleisch eine Kerntemperatur von 60° erreicht hat. Die Pfanne nicht ausspülen. 45 Min. vor Ende der Garzeit 1 Zwiebel schälen und hacken. 1 Möhre, 1 Petersilienwurzel und 1 Stück Lauch putzen, waschen und grob würfeln. Die Pfanne wieder erhitzen. Zwiebel und Röstgemüse im Bratensatz anbraten, mit je 200 ml Rotwein und Kalbsfond ablöschen und 30 Min. einkochen lassen. Dann durch ein feines Sieb in einen Topf abgießen, das Röstgemüse ausdrücken und die Sauce nach Belieben mit 30 g eiskalter Butter oder 1 EL dunklem Saucenbinder binden.

FAZIT Beim Originalrezept wird das Fleisch weich und durchgebraten und Sie gewinnen eine noch aromatischere Sauce. Bei Niedrigtemperatur bleibt das Fleisch saftiger und behält einen zartrosa Kern.

Kalbsfilet mit Cognacsauce und Kardamom-Möhren

Für das Kalbsfilet
600 g Kalbsfilet
Salz
Pfeffer
2 EL neutrales Pflanzenöl
4 EL Cognac (oder spanischer Brandy)
150 g Crème fraîche
1 Spritzer Worcestersauce
1–2 TL Zitronensaft
Für die Möhren
16–20 kleine Bundmöhren (ca. 800 g)
1 Stück frischer Ingwer (ca. 2 cm)
2 EL Butterschmalz
6 grüne Kardamomkapseln
3 EL Ahornsirup
Salz
Cayennepfeffer
Saft von 1 Orange

Für 4 Personen | ca. 40 Min. Zubereitung
ca. 1 Std. 30 Min. Garzeit
Pro Portion ca. 475 kcal, 34 g EW, 30 g F, 18 g KH

1 Den Backofen samt einer ofenfesten Form auf 80° vorheizen. Das Fleisch trocken tupfen, salzen und pfeffern. Eine Pfanne erhitzen, das Öl hineingeben und das Filet darin in 5–6 Min. von allen Seiten (auch an den Enden) anbraten. In die Form umsetzen und im Backofen (Mitte, keine Umluft) ca. 1 Std. 30 Min. garen, bis das Fleisch eine Kerntemperatur von 60° erreicht hat. Die Pfanne nicht ausspülen.

2 30 Min. vor Ende der Garzeit das Grün der Möhren auf 3 cm kürzen. Die Möhren putzen und schälen. Den Ingwer schälen und fein hacken. Eine große Pfanne erhitzen, das Butterschmalz hineingeben und den Ingwer darin 1 Min. unter Rühren anbraten. Kardamomkapseln mit dem Messerrücken zerdrücken und hinzufügen. Die Möhren einlegen und den Ahornsirup hinzufügen. Bei mittlerer Hitze 2–3 Min. unter Wenden braten. Die Möhren mit Salz und 1/4 TL Cayennepfeffer würzen und mit dem Orangensaft ablöschen. Zugedeckt 10–12 Min. garen, dabei die Pfanne gelegentlich rütteln.

3 Inzwischen die Pfanne mit dem Bratensatz wieder erhitzen. Cognac und Crème fraîche einrühren und bei mittlerer Hitze 3 Min. einkochen lassen. Die Cognacsauce mit der Worcestersauce, dem Zitronensaft, Salz und Pfeffer abschmecken.

4 Das Filet aus dem Ofen nehmen. Den Fleischsaft, der sich in der Form gebildet hat, unter die Sauce rühren. Das Filet in Scheiben schneiden und mit der Sauce und den Kardamom-Möhren auf vorgewärmten Tellern anrichten. Dazu passen Vanillepüree (Rezept S. 32) und ein fruchtiger Weißwein.

Für Kalbsfilet ist die Zubereitung bei Niedrigtemperatur ideal, weil das magere Fleisch unvergleichlich zart und saftig wird. Es behält dabei einen zartrosa Kern. Wenn Sie es durchgebraten bevorzugen, lassen Sie es ca. 2 Std.–2 Std. 30 Min. bei 80° im Backofen (bis zu einer Kerntemperatur von 70°). Alternativ können Sie das Filet in einem kleinen Bräter zubereiten: Darin anbraten, 100 ml Kalbsfond angießen und bei 160° im vorgeheizten Backofen (Mitte, Umluft 140°) 45–50 Min. garen. Dabei einmal wenden und bei Bedarf noch etwas Kalbsfond angießen.

Kalbskarree mit Pilzen

1 Kalbskarree (ca. 1 kg, mit Fettschicht; beim Metzger vorbestellen)
Salz
Pfeffer
½ TL getrockneter Thymian
1 TL mittelscharfer Senf
2 Knoblauchzehen
3 EL neutrales Pflanzenöl
400 ml Kalbsfond (Rezept S. 14 oder aus dem Glas)
10 g getrocknete Steinpilze
800 g gemischte frische Pilze (z. B. Steinpilze, Pfifferlinge, Maronenröhrlinge, Egerlinge)
2 Schalotten
1 EL Butterschmalz
je 1 Bund Petersilie und Estragon
1 gestrichener EL Mehl

Für 4 Personen | ca. 45 Min. Zubereitung
ca. 1 Std. 30 Min. Garzeit
Pro Portion ca. 445 kcal, 63 g EW, 20 g F, 4 g KH

1 Den Backofen auf 180° Grad vorheizen. Das Kalbskarree kalt abwaschen und trocken tupfen, mit Salz und Pfeffer würzen. Den Thymian mit dem Senf verrühren. 1 Knoblauchzehe schälen und dazupressen. Das Fleisch mit der Mischung einreiben.

2 Einen Bräter erhitzen, das Öl hineingeben und das Kalbskarree darin bei mittlerer Hitze in 5–6 Min. von allen Seiten anbraten. 200 ml Kalbsfond angießen. Das Kalbskarree mit der Fettschicht nach unten im heißen Backofen (Mitte, Umluft 160°) 30 Min. zugedeckt garen. Dann das Karree wenden und den übrigen Fond angießen. Das Fleisch im Ofen weitere 30 Min. offen garen.

3 Die getrockneten Steinpilze in 1/8 l warmem Wasser einweichen. Die frischen Pilze putzen und trocken abreiben (siehe Tipp), große Exemplare halbieren oder in Scheiben schneiden. Die eingeweichten Pilze ausdrücken und fein hacken. Das Einweichwasser durch ein feines Sieb zum Kalbskarree in den Bräter gießen. Die Schalotten und die übrige Knoblauchzehe schälen und ebenfalls fein hacken.

4 Eine große Pfanne erhitzen und das Butterschmalz hineingeben. Schalotten, Knoblauch und die frischen Pilze darin bei starker Hitze 2–3 Min. unter Rühren anbraten. Mit den eingeweichten Pilzen um das Kalbskarree herum verteilen und alles weitere 20–30 Min. im Ofen offen schmoren lassen. Zur Garprobe stechen Sie das Fleisch nahe am Knochen ein: Wenn das leicht geht und der Fleischsaft klar ist, das Karree herausnehmen und 10 Min. in Alufolie ruhen lassen.

5 Inzwischen Petersilie und Estragon waschen und trocken schütteln, die Blätter fein schneiden. Die Pilze im Bräter auf dem Herd aufkochen, mit Salz und Pfeffer würzen. Das Mehl in einer Tasse mit 3 EL kaltem Wasser verrühren, unterrühren und 2–3 Min. köcheln lassen, bis die Sauce leicht bindet. Die Kräuter unterrühren.

6 Das Kalbskarree vom Knochen lösen (den Saft, der sich in der Alufolie gebildet hat, zu den Pilzen geben) und quer zur Faser in Scheiben schneiden. Mit den Pilzen auf vorgewärmten Tellern anrichten. Dazu schmecken Serviettenknödel (Rezept S. 119) oder Bandnudeln und ein trockener Weißwein.

Am Knochen gebraten bleibt das Kalbfleisch, obwohl es durchgebraten ist, schön saftig. Sie können es auch bei Niedrigtemperatur zubereiten (da behält es einen zartrosa Kern): Den Backofen samt ofenfester Form auf 80° vorheizen. Das gewürzte Kalbskarree wie beschrieben anbraten, in die Form umsetzen (keine Flüssigkeit angießen!) und im Backofen (Mitte, keine Umluft) ca. 4 Std. garen. Zum Ende der Garzeit stecken Sie das Bratenthermometer in die dickste Stelle, aber nicht bis zum Knochen, und warten ab, bis es 60° erreicht hat. Die Pilze 20 Min. vor Ende der Garzeit im Bratensatz separat zubereiten.

TIPP Pilze saugen sich beim Waschen schnell mit Wasser voll. Wenn es sich vermeiden lässt, sollten Sie sie also nicht waschen. Sind sie zu schmutzig (wie z. B. oft Pfifferlinge), 1 EL Mehl ins kalte Waschwasser geben, die Pilze schnell (!) mit den Händen durchspülen und anschließend auf Küchenpapier abtropfen lassen.

Roastbeef im Kräutersalzmantel

1 kg Roastbeef
Salz
Pfeffer
2 EL neutrales Pflanzenöl
4 Zweige frischer Rosmarin
1 Bund Zitronenthymian
4 sehr frische Eier
2 kg grobkörniges Meersalz
1 Bio-Orange
80 g Sahne
Cayennepfeffer
Zucker

Für 4 Personen | ca. 45 Min. Zubereitung
ca. 30 Min. Garzeit
Pro Portion ca. 520 kcal, 60 g EW, 29 g F, 5 g KH

1 Das Roastbeef von Haut und Fettschicht befreien, trocken tupfen und mit Salz und Pfeffer einreiben. Eine große Pfanne erhitzen, das Öl hineingeben und das Fleisch darin bei mittlerer Hitze in 7–8 Min. von allen Seiten (auch an den Enden) anbraten. Aus der Pfanne auf eine Platte heben und lauwarm abkühlen lassen.

2 Den Backofen auf 220° vorheizen, ein Blech mit Backpapier belegen. Die Kräuter waschen und trocken schütteln, vom Zitronenthymian 2 Zweige für die Sauce beiseitelegen. Von den übrigen Zweigen die Nadeln und Blätter abstreifen.

3 Die Eier trennen, die Eigelbe für die Sauce beiseitestellen. Die Eiweiße in einer großen Schüssel leicht verschlagen, die Kräuter und das Salz mit den Händen untermengen. Die Hälfte davon in einer Fläche etwas größer als das Fleischstück auf das Blech geben, das Roastbeef daraufsetzen. Die restliche Kräuter-Salz-Mischung so auf Oberfläche und Seiten verteilen und fest andrücken, dass ein geschlossener Salzmantel entsteht. Das Blech in den heißen Ofen (Mitte, Umluft 200°) schieben und das Roastbeef 30 Min. garen.

4 Inzwischen für die Sauce die Orange heiß waschen und abtrocknen. Die Haut mit einem Zestenreißer in feinen Streifen abziehen, den Saft auspressen. Die Sahne steif schlagen. Die Blättchen vom beiseitegelegten Thymian abstreifen und fein hacken. Die Eigelbe mit 6 EL Orangensaft in eine Metallschüssel geben. Ein heißes Wasserbad (in das die Metallschüssel passt) vorbereiten.

5 Das Roastbeef herausnehmen und 10 Min. ruhen lassen. Die Metallschüssel ins (nicht mehr kochende) Wasserbad hängen und die Eigelbmischung in 4–5 Min. mit dem Schneebesen schaumig aufschlagen. Die Orangenzesten und den Zitronenthymian unterrühren. Die Sahne unterziehen und mit Salz, Cayennepfeffer und 1 Prise Zucker abschmecken.

6 Den Kräutersalzmantel mit dem Rücken eines schweren Messers an den Seiten aufklopfen und abheben. Das Roastbeef herausheben und von Salzkörnern befreien. Das Fleisch quer zur Faser in Scheiben schneiden und mit der Orangen-Thymian-Sauce servieren. Dazu schmecken Röstkartoffeln (Rezept S. 83) und ein trockener Weißwein.

Für den Salzmantel ist eine hohe Backofentemperatur erforderlich. Wie Sie Roastbeef herkömmlich bei 180° im Backofen und bei Niedrigtemperatur zubereiten, lesen Sie auf Seite 133.

Chateaubriand mit Granatapfelsauce

800 g Chateaubriand (Rinderfiletkopf; beim Metzger vorbestellen)
Salz
1 TL chinesisches Fünf-Gewürz-Pulver (siehe Tipp)
1 EL Butterschmalz
40 g Butter
2 Granatäpfel
3 Frühlingszwiebeln
2 EL spanischer Brandy (nach Belieben)
100 ml frisch gepresster Orangensaft
Außerdem
Küchengarn

Für 4 Personen | ca. 45 Min. Zubereitung
ca. 1 Std. 45 Min. Garzeit
Pro Portion ca. 395 kcal, 43 g EW, 20 g F, 7 g KH

1 Den Backofen samt einer ofenfesten Form auf 80° vorheizen. Das Fleisch trocken tupfen, salzen, mit dem Fünf-Gewürz-Pulver einreiben und mit Küchengarn binden (siehe S. 7). Eine Pfanne erhitzen, das Butterschmalz hineingeben und das Filet darin bei mittlerer Hitze in 7–8 Min. rundherum (auch an den Enden) anbraten. In die Form umsetzen und ca. 1 Std. 45 Min. im Ofen (Mitte, keine Umluft) garen, bis es eine Kerntemperatur von 55° erreicht hat. Die Pfanne nicht ausspülen. Die Butter klein würfeln und ins Tiefkühlfach geben.

2 30 Min. vor Ende der Garzeit von den Granatäpfeln jeweils den Blütenansatz herausschneiden, die Früchte aufbrechen und die Kerne über einer Schüssel herauslösen. 4 EL Kerne (ohne die harten weißen Trennwände) abnehmen und beiseitelegen. Übrige Granatapfelkerne durch ein feines Sieb streichen, den Saft auffangen. Die Frühlingszwiebeln putzen, waschen und – weiße und grüne Teile separat – in feine Ringe schneiden.

3 Die Pfanne mit dem Bratensatz wieder erhitzen. Die weißen Frühlingszwiebelringe darin 1 Min. anbraten. Nach Belieben mit dem Brandy ablöschen und diesen verdampfen lassen. Anschließend den Granatapfel- und den Orangensaft angießen, aufkochen und bei starker Hitze 10 Min. einkochen lassen.

4 Das Chateaubriand herausnehmen und zugedeckt warm halten, den Saft aus der Form zur Sauce geben. Die eiskalte Butter mit einem Schneebesen nach und nach unter die Sauce rühren, bis eine leichte Bindung entsteht. Jetzt nicht mehr kochen lassen. Die beiseitegelegten Granatapfelkerne und das Frühlingszwiebelgrün unterziehen und 1 Min. erwärmen. Das Fleisch in Scheiben schneiden und mit der Granatapfelsauce auf vorgewärmten Tellern anrichten. Dazu schmecken Bandnudeln, Zuckerschoten und ein fruchtiger Rosé.

Bei Niedrigtemperatur gelingt Rinderfilet optimal: zart, saftig, mit einem rosigen Kern. Bei höherer Temperatur besteht immer die Gefahr, dass das fettarme Fleisch austrocknet. Wenn Ihr Herd Niedrigtemperatur nicht zulässt, bereiten Sie es im Ofen bei 160° zu: Das gewürzte und gebundene Fleisch in einem Bräter anbraten, weiße Frühlingszwiebelringe dazugeben, nach Belieben mit Brandy ablöschen, den Orangensaft angießen. Das Filet 30 Min. im vorgeheizten Backofen (Mitte, Umluft 140°) braten. Dann wenden, Orangenzesten und Granatapfelsaft dazugeben und das Chateaubriand in 10–30 Min. fertig braten. Bei einer Kerntemperatur von 55° ist es rosa, noch leicht blutig, bei 60°–65° medium und ab 70° durch.

WÜRZ-TIPP Chinesisches Fünf-Gewürz-Pulver enthält eine Mischung aus Zimt, Fenchel, Koriander, Nelken und Pfeffer, die das feine Rindfleischaroma optimal zur Geltung bringt und wunderbar mit der andalusischen Sauce harmoniert – eine gelungene Cross-over-Verbindung.

Zimt-Sauerbraten mit Kartoffel-Pastinaken-Gratin

Für den Sauerbraten
2 Zwiebeln | 1 Möhre
1 Petersilienwurzel
1 Stück Knollensellerie (ca. 100 g)
1 Zimtstange | 4 Gewürznelken
1 Lorbeerblatt | 1 TL schwarze Pfefferkörner
¼ l Weißweinessig
800 g Rinderbraten (Schulter oder Hüfte)
Salz | ½ TL Zimtpulver
2 EL Butterschmalz
75 g Rosinen (nach Belieben)
2 EL dunkler Saucenbinder
Pfeffer | Zucker
Für das Gratin
40 g Butter
500 g mehlig kochende Kartoffeln
300 g Pastinaken
3 Frühlingszwiebeln
Salz | Pfeffer
Muskatnuss, frisch gerieben
150 ml Milch | 200 g Sahne
50 g Cashewkerne

Für 4 Personen | ca. 1 Std. Zubereitung
3 Tage Marinieren | ca. 2 Std. Garzeit
Pro Portion ca. 845 kcal, 49 g EW, 49 g F, 48 g KH

1 Für die Marinade die Zwiebeln schälen und grob hacken. Möhre, Petersilienwurzel und Sellerie putzen und grob würfeln. Mit den Gewürzen und dem Essig in einen Topf geben, 1/2 l Wasser angießen, einmal aufkochen und vollständig abkühlen lassen. Das Fleisch mit der Marinade in einen lebensmittelechten Beutel füllen und gut verschließen. 3 Tage im Kühlschrank marinieren, den Beutel hin und wieder wenden.

2 Das Fleisch aus der Marinade nehmen und trocken tupfen. Mit Salz und Zimtpulver einreiben. Die Marinade durch ein Sieb abgießen, die Flüssigkeit auffangen. Einen Schmortopf erhitzen, Butterschmalz hineingeben und den Braten darin bei mittlerer Hitze in 7–8 Min. rundherum anbraten. Das Mariniergemüse dazugeben und 2–3 Min. anschmoren. 400 ml Marinierflüssigkeit abmessen, angießen und aufkochen. Den Braten zugedeckt bei schwacher Hitze ca. 2 Std. schmoren lassen, dabei zweimal wenden.

3 1 Std. 15 Min. vor Ende der Garzeit den Ofen auf 200° vorheizen. Eine Gratinform ausbuttern. Kartoffeln und Pastinaken schälen und in dünne Scheiben schneiden. Die Frühlingszwiebeln putzen, waschen und in feine Ringe schneiden. Kartoffeln und Pastinaken im Wechsel dachziegelartig in die Form schichten. Jede Schicht mit Salz, Pfeffer und Muskat würzen und mit ein wenig Frühlingszwiebeln (2 EL davon zurückbehalten) bestreuen. Milch und Sahne mischen, gleichmäßig darübergießen. Übrige Butter in Flöckchen darauf verteilen. Im heißen Ofen (Mitte, Umluft 180°) 30 Min. backen.

4 Die Cashewkerne hacken. Kartoffel- und Pastinakenscheiben mit einem Pfannenwender sanft flach drücken, damit alles gleichmäßig befeuchtet ist. Cashewkerne und übrige Frühlingszwiebeln aufstreuen und das Gratin weitere 20 Min. garen.

5 Das Gratin aus dem Ofen nehmen und zugedeckt 10 Min. ruhen lassen. Den Braten herausnehmen und zugedeckt warm halten. Die Sauce durch ein feines Sieb in einen Topf abgießen, das Gemüse und die Gewürze ausdrücken und wegwerfen. Die Sauce aufkochen, den Saucenbinder einrühren und einkochen lassen. Wer mag, spült die Rosinen in einem Sieb heiß ab und gibt sie dazu. Mit Salz, Pfeffer und Zucker abschmecken.

6 Das Gratin in 4 Portionen teilen und auf vorgewärmte Teller heben. Das Fleisch quer zur Faser in Scheiben schneiden und dazugeben, mit der Sauce überziehen. Dazu schmeckt Bier oder ein kräftiger Rotwein.

Der Zimt-Sauerbraten bekommt nur durch langsames Schmoren sein typisches Aroma, hier ist Niedrigtemperatur keine gute Alternative.

Hochrippe mit Bohnen-Pilz-Gemüse

800 g Hochrippe vom Jungbullen
Salz
Pfeffer
2 EL neutrales Pflanzenöl
200 g feine grüne Bohnen
500 g frische Pilze (Pfifferlinge, Steinpilze oder Egerlinge)
1 Bund Petersilie
1 EL Butterschmalz
1 EL Mehl
100 ml Gemüsefond (aus dem Glas)
1–2 TL Zitronensaft
Muskatnuss, frisch gerieben
Außerdem
Eiswürfel

Für 4 Personen | ca. 50 Min. Zubereitung
ca. 2 Std. Garzeit
Pro Portion ca. 440 kcal, 45 g EW, 26 g F, 5 g KH

1 Den Backofen samt einer ofenfesten Form auf 80° vorheizen. Das Fleisch trocken tupfen, salzen und pfeffern. Eine große Pfanne (am besten eine große Schmorpfanne mit hohem Rand, in der später auch Pilze und Bohnen Platz haben) erhitzen, das Öl hineingeben und das Fleisch darin bei mittlerer Hitze in 7–8 Min. rundherum (auch an den Enden) anbraten. In die Form umsetzen und ca. 2 Std. im Ofen (Mitte, keine Umluft) garen, bis das Fleisch eine Kerntemperatur von 60° erreicht hat. Die Pfanne nicht ausspülen.

2 Die Bohnen waschen, putzen, evtl. entfädeln und die Enden abknipsen. In einem Topf Wasser aufkochen, salzen und die Bohnen darin in 6–7 Min. bissfest kochen. In ein Sieb abgießen und sofort in Eiswasser abschrecken, damit sie ihre kräftige Farbe behalten. Herausnehmen und in dem Sieb abtropfen lassen. Die Pilze putzen und trocken abreiben, möglichst nicht waschen (siehe Tipp S. 68). Kleine Exemplare ganz lassen, größere halbieren oder vierteln.

3 15 Min. vor Ende der Garzeit die Petersilie waschen und trocken schütteln, die Blätter fein schneiden. Die Pfanne mit dem Bratensatz wieder erhitzen, das Butterschmalz dazugeben und die Pilze darin bei starker Hitze 2 Min. anbraten. Das Mehl darüberstäuben, 1 Min. unter Rühren weiterbraten. Mit dem Fond ablöschen, einmal aufkochen und bei schwacher Hitze 3 Min. zugedeckt schmoren lassen. Die Bohnen und die Petersilie unterrühren und zugedeckt 2 Min. erwärmen. Mit Salz, Pfeffer, Zitronensaft und 1 Prise Muskat abschmecken.

4 Den Braten herausnehmen, in Scheiben schneiden und mit dem Bohnen-Pilz-Gemüse auf vorgewärmten Tellern anrichten. Dazu schmecken Pellkartoffeln und ein leichter Rotwein.

Wer den Jungbullenbraten durchgebraten bevorzugt, bereitet ihn in einem Schmortopf auf dem Herd zu. Darin anbraten, erst 150 ml Weißwein, später nach und nach 300 ml Kalbsfond angießen und den Braten bei schwacher Hitze unter gelegentlichem Wenden in ca. 1 Std. 30 Min. zugedeckt weich garen. Die Pilze dann in einer Pfanne im Butterschmalz anbraten, vorgegarte Bohnen, Petersilie und 2 EL Kräuter-Crème-fraîche dazugeben und mit Salz, Pfeffer, Zitronensaft und Muskat abschmecken. Den Braten herausnehmen und 5 Min. zugedeckt ruhen lassen. Inzwischen die Sauce nach Belieben mit hellem Saucenbinder oder mit 1 EL in 3 EL kaltem Wasser angerührtem Mehl binden.

GUT ZU WISSEN **Als Hochrippe bezeichnet man das Stück, das am Rücken des Rindes zwischen Schulter und Roastbeef sitzt. Das Fleisch besitzt eine gute Fettmarmorierung und zarte Fleischfasern. Hochrippe vom Jungbullen eignet sich auch gut zum Kurzbraten.**

Lammrückenfilet mit Petersilienkruste

1 EL Butter (15 g)
1 gestrichener EL Mehl
50 g Walnusshälften
1 Zwiebel
2 große Lammrückenfilets (je ca. 280 g)
Salz
Pfeffer
2 EL neutrales Pflanzenöl
200 ml Lammfond (aus dem Glas)
2 Zweige frischer Thymian
1 Bund Petersilie
1 Knoblauchzehe
1 Eiweiß
2 EL Semmelbrösel
abgeriebene Schale von ½ Bio-Zitrone

Für 4 Personen | ca. 30 Min. Zubereitung
ca. 10 Min. Garzeit
Pro Portion ca. 350 kcal, 32 g EW, 21 g F, 8 g KH

1 Die Butter mit dem Mehl verkneten, in Folie wickeln und in den Kühlschrank legen. Die Walnüsse in einer kleinen Pfanne rösten, abkühlen lassen. Die Zwiebel schälen und fein hacken. Die Lammrückenfilets von evtl. vorhandenen Häutchen befreien, trocken tupfen, salzen und pfeffern.

2 Eine Pfanne erhitzen, das Öl hineingeben und die Filets darin bei mittlerer Hitze in 4–5 Min. rundherum anbraten. Auf einen Teller legen und lauwarm abkühlen lassen. Die Zwiebel im Bratsatz 1 Min. anbraten. Mit dem Lammfond ablöschen. Die Thymianzweige waschen und hinzufügen. Den Fond bei starker Hitze in ca. 15 Min. auf die Hälfte einkochen lassen.

3 Inzwischen den Backofen auf 220° vorheizen. Die Walnüsse hacken. Die Petersilie waschen und trocken schütteln, die Blätter abzupfen und fein schneiden. Den Knoblauch schälen und fein hacken. Das Eiweiß zu Schnee schlagen. Walnüsse, Semmelbrösel, Petersilie, Knoblauch und Zitronenschale unterrühren, mit Salz und Pfeffer abschmecken.

4 Die Lammrückenfilets in eine ofenfeste Form setzen (den Fleischsaft, der sich auf dem Teller abgesetzt hat, zum Lammfond geben) und die Oberfläche mit Küchenpapier trocken tupfen. Die Walnuss-Petersilien-Masse darauf verteilen und gut andrücken (geht am besten mit den Händen). Den Backofengrill zuschalten und die Lammrückenfilets im Ofen (Mitte) in 8–10 Min. goldbraun überkrusten.

5 Den Fond durch ein feines Sieb in einen Topf abgießen und aufkochen lassen. Weiterköcheln lassen und so viel Mehlbutter in Flöckchen einrühren, bis die Sauce leicht bindet. Mit Salz und Pfeffer abschmecken. Die Sauce als Spiegel auf vier vorgewärmte Teller geben. Die Lammrückenfilets herausnehmen, schräg teilen und jeweils 1 Hälfte daraufsetzen. Dazu schmecken Ratatouille (Rezept S. 85) und ein kräftiger Rotwein.

Die Lammrückenfilets schmecken am besten, wenn sie noch einen zartrosa Kern haben. Da sie im Nu durch sind, erübrigt sich weiteres Garen im Backofen vor dem Überkrusten. Wie Sie Lammrückenfilets ohne Kruste zubereiten, lesen Sie auf Seite 36.

TAUSCH-TIPP **Die Petersilienkruste passt auch gut zu Hirschkalbsrückenfilet. Da dieses dicker ist, hat es eine längere Garzeit: Ein Filetstück von 600 g in 5–6 Min. rundherum (auch an den Enden) anbraten und vor dem Überkrusten ca. 1 Std. 45 Min. bei 80° im vorgeheizten Backofen (Mitte, keine Umluft) garen, bis es eine Kerntemperatur von 55° erreicht hat. Dann die Petersilienmasse aufbringen und das Filet wie beschrieben übergrillen (bis zu einer Kerntemperatur von 60°). Für die Sauce verwenden Sie dann Wildfond, fügen statt der Mehlbutter 2 EL Crème fraîche und 1 EL Johannisbeergelee hinzu und lassen alles cremig einkochen.**

Geschmorte Milchlammschulter mit Oliven und Pinienkernen

1 Zwiebel
2 Knoblauchzehen
je 2 Zweige frischer Salbei, Rosmarin und Thymian (oder 1 Bund gemischte Kräuter der Provence)
2 Milchlammschultern (mit Knochen, je ca. 500 g; beim Metzger vorbestellen)
Salz
Pfeffer
4 EL Olivenöl
100 g Pinienkerne
1/4 l trockener Weißwein
1 Lorbeerblatt
1/4 l Kalbsfond (Rezept S. 14 oder aus dem Glas)
200 g kleine schwarze Oliven

Für 4 Personen | ca. 25 Min. Zubereitung
ca. 1 Std. 45 Min. Garzeit
Pro Portion ca. 940 kcal, 30 g EW, 87 g F, 10 g KH

1 Den Backofen auf 160° vorheizen. Die Zwiebel und den Knoblauch schälen und fein hacken. Die Kräuterzweige waschen und trocken schütteln. Die Milchlammschultern kalt abwaschen, trocken tupfen und rundherum salzen und pfeffern.

2 Einen Bräter erhitzen, das Öl hineingeben und die Lammschultern darin bei mittlerer Hitze in 6–7 Min. rundherum anbraten, herausnehmen. Zwiebel, Knoblauch und Pinienkerne in den Bräter geben und unter Rühren 2 Min. anbraten. Mit dem Wein ablöschen, die Lammschultern wieder einlegen. Die Kräuterzweige und das Lorbeerblatt dazulegen. Im heißen Ofen (Mitte, Umluft 140°) 45 Min. zugedeckt schmoren lassen. Dann die Lammschultern wenden, die Hälfte des Kalbsfonds angießen und 30 Min. offen weiterschmoren lassen.

3 Die Lammschultern noch einmal wenden, den übrigen Kalbsfond angießen und die Oliven hinzufügen. Weitere 15–30 Min. schmoren lassen. Um zu sehen, ob das Fleisch gar ist, sollten Sie es nahe am Knochen einstechen: Wenn das leicht geht und der austretende Fleischsaft klar ist, sind die Lammschultern fertig. Dann herausnehmen und zugedeckt 10 Min. ruhen lassen.

4 Das Lammfleisch vom Knochen schneiden und mit Oliven, Pinienkernen und dem klaren Bratensaft auf vorgewärmte Teller verteilen. Dazu schmecken knuspriges Ciabatta oder Polenta (Rezept S. 113) und ein trockener Weißwein.

Lammschultern gelingen wie hier langsam geschmort besonders gut und ergeben auch eine überaus aromatische Sauce. Wenn Sie allerdings Wert auf rosig gebratenes Lamm legen, dann ist Niedrigtemperatur die bessere Wahl: Heizen Sie den Backofen samt ofenfester Form auf 80° vor. Die Milchlammschultern im Bräter in 6–7 Min. rundherum anbraten, nebeneinander in die Form setzen und ca. 2 Std. 30 Min. im Ofen (Mitte, keine Umluft) garen. Den Bräter nicht ausspülen. Zum Ende der Garzeit das Bratenthermometer in die dickste Stelle, aber nicht bis zum Knochen stecken und das Fleisch so lange weitergaren, bis es eine Kerntemperatur von 60° erreicht hat.
Für die Sauce 40 Min. vor Ende der Garzeit die Pinienkerne in einer Pfanne ohne Fett rösten und beiseitestellen. Den Bräter wieder erhitzen und Zwiebel und Knoblauch im Bratensatz anbraten, mit Weißwein und Kalbs- oder Lammfond ablöschen. 20 Min. bei starker Hitze einkochen lassen. Die Oliven und die Kräuterzweige hinzufügen und die Sauce bei schwacher Hitze weitere 10 Min. zugedeckt ziehen lassen, mit Salz und Pfeffer abschmecken. Das Fleisch vom Knochen schneiden und mit den Oliven und der Sauce auf vorgewärmten Tellern anrichten (Kräuterzweige entfernen). Mit den Pinienkernen bestreut servieren.

Lammrücken mit Erbsen-Minz-Püree

4 Knoblauchzehen
4 Zweige frischer Rosmarin
4 EL Olivenöl | 2 Bio-Zitronen
1 ganzer Lammrücken (mit Knochen, ca. 1,5 kg; beim Metzger vorbestellen und die Haut bis auf eine dünne Fettschicht entfernen lassen)
Salz | Pfeffer
600 g TK-Erbsen
Zucker | 50 g Butter
4 Zweige frische Minze
1–2 EL Zitronensaft

Für 4 Personen | ca. 40 Min. Zubereitung
24 Std. Marinieren | ca. 2 Std. 10 Min. Garzeit
Pro Portion ca. 1370 kcal, 56 g EW, 117 g F, 22 g KH

1 Den Knoblauch schälen und in Scheiben schneiden. Den Rosmarin waschen und trocken schütteln, die Nadeln abstreifen. Beides mit 2 EL Olivenöl vermischen. Die Zitronen heiß waschen, abtrocknen und in Scheiben schneiden. Den Lammrücken kalt abwaschen und trocken tupfen, mit der Rosmarin-Knoblauch-Mischung einreiben. Mit den Zitronenscheiben so in einen lebensmittelechten Beutel füllen, dass das Fleisch überall bedeckt ist. Den Beutel verschließen und 24 Std. in den Kühlschrank legen.

2 Den Backofen samt Fettpfanne auf 240° vorheizen. Den Lammrücken aus dem Beutel nehmen, Zitronenscheiben, Knoblauch und Rosmarin abkratzen. Das Fleisch mit Salz und Pfeffer würzen. Das übrige Öl in die Fettpfanne geben, den Lammrücken mit der Knochenseite nach unten hineinlegen und im heißen Ofen (Mitte, Umluft 220°) 25 Min. vorbraten.

3 Die Fettpfanne mit dem Lammrücken herausnehmen und die Ofentemperatur bei geöffneter Backofentür auf 80° absenken. Den Rücken in der Fettpfanne wieder in den Ofen (Mitte, keine Umluft) schieben und bei 80° ca. 1 Std. 45 Min. garen. Zum Ende der Garzeit das Bratenthermometer in die dickste Stelle, aber nicht bis zum Knochen stecken und das Fleisch so lange weitergaren, bis es eine Kerntemperatur von 60° erreicht hat.

4 20 Min. vor Ende der Garzeit die Erbsen unaufgetaut in einen Topf geben und mit Wasser bedecken. Je 1/2 TL Salz und Zucker und 1 TL Butter hinzufügen, aufkochen lassen und die Erbsen in 10 Min. weich kochen. Die Minze waschen und trocken schütteln, die Blätter abzupfen und in feine Streifen schneiden. Die Kochflüssigkeit der Erbsen abgießen, dabei 4–5 EL auffangen. Die Erbsen mit dem Pürierstab fein pürieren, dabei nach und nach die übrige Butter und so viel Kochflüssigkeit dazugeben, dass ein weiches Püree entsteht. Die Minze unterziehen und das Püree mit Zitronensaft, Salz und Pfeffer abschmecken.

5 Den Lammrücken aus dem Backofen nehmen. Die Rückenfilets auslösen und in Scheiben schneiden. Mit dem Erbsen-Minz-Püree auf vorgewärmten Tellern anrichten. Dazu passt ein leichter Rotwein.

Bei Niedrigtemperatur gegart wird das Lammfleisch supersaftig und behält einen zartrosa Kern. Wer den Lammrücken lieber durchgebraten isst, belässt eine dickere Fettschicht auf dem Lammrücken und brät ihn 5 Min. auf der Fettseite an. Dann wenden, 1/4 l Lammfond angießen und das Fleisch ca. 1 Std. bei 180° im vorgeheizten Backofen (Mitte, Umluft 160°) garen. Das Fett kann bei Tisch abgeschnitten werden, es sorgt während des Bratens dafür, dass das zarte Lammfleisch nicht austrocknet.

BEILAGEN-TIPP **Zartes Lammfleisch und ein leichtes Erbsenpüree sind Ihnen zu wenig gehaltvoll? Dann bereiten Sie, während der Lammrücken im Backofen ist, zusätzlich den Rosmarinjus von Seite 16 zu (da hier kein Bratensatz zur Verfügung steht, braten Sie die Zutaten einfach in 2 EL Olivenöl an) und servieren Röstkartoffeln dazu: Für 4 Personen 600 g gekochte Kartoffeln (vorwiegend festkochende Sorte) nach Belieben pellen und je nach Größe vierteln oder achteln. Eine große Pfanne erhitzen, 2 EL Olivenöl und 1 EL Butter hineingeben und die Kartoffeln darin bei mittlerer Hitze in 8–10 Min. rundherum goldbraun braten. Vor dem Servieren salzen.**

Zickleinkeule mit Majorankartoffeln und Ratatouille

Für die Zickleinkeule
1 Zickleinkeule (mit Knochen, ca. 1,2 kg; beim Metzger vorbestellen)
Salz | Pfeffer
½ Bund frischer Thymian
2 Knoblauchzehen
2 TL mittelscharfer Senf
3 EL Olivenöl
600 ml Kalbsfond (Rezept S. 14 oder aus dem Glas)
Für die Beilagen
600 g kleine fest kochende Kartoffeln
1 Bund frischer Majoran (ersatzweise 1 EL getrockneter)
1 Aubergine (ca. 300 g)
Salz | 1 rote Zwiebel
2 Knoblauchzehen
je 2 rote und gelbe Paprikaschoten
3 kleine Zucchini (ca. 400 g)
2 große Fleischtomaten
½ Bund frischer Thymian
4 EL Olivenöl
1 Lorbeerblatt | Pfeffer

Für 4 Personen | ca. 1 Std. Zubereitung
ca. 1 Std. 30 Min. Garzeit
Pro Portion ca. 890 kcal, 53 g EW, 62 g F, 30 g KH

1 Den Backofen auf 180° vorheizen. Die Zickleinkeule kalt abwaschen und trocken tupfen, rundherum salzen und pfeffern. Den Thymian waschen und trocken schütteln, die Blättchen abstreifen. Den Knoblauch schälen und durchpressen. Knoblauch und Thymian mit dem Senf verrühren und die Keule damit einreiben.

2 Einen Bräter erhitzen, das Öl hineingeben und die Zickleinkeule darin bei mittlerer Hitze in 8–10 Min. rundherum anbraten. Die Hälfte des Kalbsfonds angießen und die Keule (Knochenseite nach oben) im heißen Ofen (unteres Drittel, Umluft 160°) 30 Min. zugedeckt garen. Dann wenden und offen ca. 1 Std. weitergaren, dabei nach und nach den übrigen Kalbsfond angießen und die Keule regelmäßig mit dem Bratfond begießen.

3 Inzwischen die Kartoffeln waschen, in einem Topf mit Wasser bedecken und in ca. 15 Min. weich kochen. Abgießen, ausdampfen lassen und pellen. Den Majoran waschen, trocken schütteln, die Blätter grob hacken.

4 Für die Ratatouille die Aubergine waschen, 1 cm groß würfeln, in einem Sieb mit Salz bestreuen und 10 Min. Wasser ziehen lassen. Die Zwiebel schälen, längs halbieren und in Spalten schneiden. Den Knoblauch schälen und in Scheiben schneiden. Die Paprikaschoten putzen, waschen und in Stücke schneiden. Die Zucchini waschen und ohne Stielansätze in Scheiben schneiden. Die Tomaten waschen und ohne Stielansätze 1 cm groß würfeln. Den Thymian waschen und trocken schütteln.

5 Die Auberginenwürfel kalt abbrausen und sorgfältig trocken tupfen. In einer Pfanne in 2 EL Öl goldbraun braten, auf Küchenpapier abfetten. Einen Schmortopf erhitzen, im übrigen Öl Zwiebel und Knoblauch 1 Min. anbraten. Paprika und Zucchini dazugeben und 3 Min. mitbraten. Auberginen, Tomaten, Thymian und das Lorbeerblatt dazugeben. Zugedeckt bei schwacher Hitze 20 Min. schmoren lassen. Mit Salz und Pfeffer würzen.

6 In den letzten 10 Min. der Fleisch-Garzeit die Kartoffeln um die Zickleinkeule verteilen, salzen und den Majoran darüberstreuen. Dann die Keule herausheben und 5 Min. zugedeckt ruhen lassen. Das Fleisch vom Knochen schneiden und mit den Majorankartoffeln und der Ratatouille auf vorgewärmten Tellern servieren.

Wenn Sie die Zickleinkeule bei Niedrigtemperatur zubereiten möchten, braten Sie sie wie beschrieben im Bräter an, setzen sie dann in eine ofenfeste Form im auf 80° vorgeheizten Backofen (Mitte, keine Umluft) und garen sie 3 Std.–3 Std. 30 Min. bis zu einer Kerntemperatur von 60°. Den Bräter nicht ausspülen, darin 15 Min. vor Ende der Garzeit die Pellkartöffelchen auf dem Herd anbraten, den Majoran zugeben und 200 ml Lammfond angießen. 10 Min. zugedeckt schmoren lassen, salzen und pfeffern.

Rehrücken mit Cranberry-Blaukraut

Für den Rehrücken
10 Wacholderbeeren
1 TL getrockneter Thymian
Salz | Pfeffer
1 Rehrücken (mit Knochen, ca. 1,5 kg; beim Metzger vorbestellen)
1 Zwiebel | 1 Möhre
1 Petersilienwurzel | 1 dünne Stange Lauch
80 g Butter
5 Scheiben Räucherspeck
¼ l Rotwein
¼ l Wildfond (Rezept S. 15 oder aus dem Glas)
100 g Crème fraîche
Für das Blaukraut
1 kleiner Kopf Blaukraut (Rotkohl, ca. 1 kg)
1 rote Zwiebel
1 EL Butterschmalz
2 Gewürznelken | 1 Sternanis
1 kleine Zimtstange
200 ml Apfelsaft
Salz
250 g Cranberrys (frisch oder TK)

Für 4 Personen | ca. 1 Std. Zubereitung
ca. 1 Std. 10 Min. Garzeit
Pro Portion ca. 750 kcal, 72 g EW, 42 g F, 22 g KH

1 Den Backofen auf 180° vorheizen. Die Wacholderbeeren im Mörser (oder Blitzhacker) mit dem Thymian und je 1 gestrichenen TL Salz und Pfeffer fein zerstoßen. Den Rehrücken kalt abwaschen und trocken tupfen. Das Fleisch von Häutchen und Sehnen befreien, mit zwei ca. 2 cm tiefen Schnitten entlang des Rückgrats einschneiden, die Rückenfilets dadurch etwas vom Knochen lösen, aber nicht heraustrennen. Den Rehrücken mit der Würzmischung einreiben und in einen Bräter setzen. Die Zwiebel schälen, das Gemüse putzen und waschen, alles grob würfeln und um das Fleisch verteilen.

2 Die Butter in einem Pfännchen aufschäumen, aber nicht braun werden lassen. 3 EL davon heiß über das Fleisch verteilen und die Speckscheiben darüberlegen. Den Rotwein zum Gemüse gießen. Den Bräter in den heißen Ofen (Mitte, Umluft 160°) schieben und den Rehrücken darin 30 Min. braten. Dann den Speck entfernen und das Fleisch 30–40 Min. weitergaren, dabei regelmäßig mit der übrigen Butter beträufeln und nach und nach den Wildfond angießen.

3 Inzwischen das Blaukraut von äußeren Blättern befreien, den Kopf längs vierteln und die Viertel in feine Streifen hobeln oder schneiden. Die Zwiebel schälen, längs halbieren und in feine Spalten schneiden. Einen Schmortopf erhitzen, das Butterschmalz hineingeben und die Zwiebel mit den Gewürzen darin 1 Min. unter Rühren anbraten. Das Blaukraut dazugeben, 3 Min. unter Rühren anbraten. Mit dem Apfelsaft ablöschen und 1 kräftige Prise Salz hinzufügen. Bei mittlerer Hitze 20 Min. zugedeckt schmoren lassen, gelegentlich umrühren. Dann die Cranberrys dazugeben und weiterschmoren lassen, bis der Rehrücken fertig ist.

4 Den Rehrücken aus dem Bräter heben und zugedeckt 10 Min. ruhen lassen. Inzwischen den Bratfond durch ein feines Sieb in einen Topf abgießen, das Röstgemüse ausdrücken und wegwerfen. Die Sauce aufkochen und die Crème fraîche einrühren. Bei starker Hitze cremig einkochen lassen, mit Salz und Pfeffer abschmecken.

5 Die Rehrückenfilets auslösen, in Scheiben schneiden und auf vorgewärmten Tellern anrichten. Die Sauce und das Cranberry-Blaukraut dazugeben. Dazu schmecken Spätzle (Rezept S. 88) und ein reifer Rotwein.

Für Niedrigtemperatur den Backofen samt einer ofenfesten Form auf 80° vorheizen. Den Rehrücken in 2 EL Öl in 8–10 Min. rundherum anbraten, in die Form umsetzen und im Ofen (Mitte, keine Umluft) ca. 2 Std. 30 Min. garen. Zum Ende der Garzeit das Bratenthermometer in die dickste Stelle, aber nicht bis zum Knochen stecken und das Fleisch so lange weitergaren, bis es eine Kerntemperatur von 60° erreicht hat. Dazu bereiten Sie ca. 2 Std. vor Ende der Garzeit im Bratensatz die Wacholderrahmsauce von Seite 17 zu.

Hirschrückenfilet mit Zwetschgen und Spätzle

Für das Hirschrückenfilet
800 g Hirschrückenfilet (je nach Größe des Tieres evtl. in 2 Stücken)
Salz | Pfeffer
1 ½ EL Butterschmalz
1 EL Butter (15 g)
1 gestrichener EL Mehl
300 g Zwetschgen
1 TL brauner Zucker
200 ml roter Portwein
200 ml Wildfond (Rezept S. 15 oder aus dem Glas)
1 kleine Zimtstange
1 Sternanis
Für die Spätzle
400 g Mehl
4 Eier
Salz
1 EL Butter
Außerdem
Spätzlehobel oder -presse

Für 4 Personen | ca. 50 Min. Zubereitung
ca. 2 Std. 30 Min. Garzeit
Pro Portion ca. 820 kcal, 59 g EW, 26 g F, 80 g KH

1 Den Backofen samt einer ofenfesten Form auf 80° vorheizen. Das Fleisch kalt abwaschen, trocken tupfen, salzen und pfeffern. Eine Pfanne erhitzen, 1 EL Butterschmalz hineingeben und das Filet darin bei mittlerer Hitze in 6–7 Min. rundherum (auch an den Enden) anbraten. In die Form setzen und im Ofen (Mitte, keine Umluft) je nach Dicke 2 Std.–2 Std. 30 Min. garen, bis das Fleisch eine Kerntemperatur von 60° erreicht hat.

2 Inzwischen für die Spätzle in einer Schüssel das Mehl, die Eier und 1 TL Salz mit 1/8 l kaltem Wasser zu einem glatten Teig verrühren. Zugedeckt 20 Min. ruhen lassen. Eine Schüssel mit kaltem Wasser bereitstellen. Reichlich Wasser in einem Topf aufkochen, salzen und den Teig durch den Spätzlehobel oder die Spätzlepresse ins kochende Wasser drücken. Sobald die Spätzle oben schwimmen, mit einem Schaumlöffel herausheben und ins kalte Wasser geben (so wird verhindert, dass sie zusammenkleben). Nach 2 Min. in ein Sieb abgießen und abtropfen lassen.

3 Für die Sauce die Butter mit dem Mehl verkneten, in Folie wickeln und in den Kühlschrank legen. Die Zwetschgen waschen und halbieren, die Steine entfernen. Das übrige Butterschmalz mit dem Zucker in einer Pfanne schmelzen. Die Zwetschgen darin 3–4 Min. unter Rühren braten, herausnehmen. Portwein und Wildfond mit Zimtstange und Sternanis in die Pfanne geben und auf die Hälfte einkochen lassen.

4 Kurz bevor der Hirschrücken fertig wird (ab 58° Kerntemperatur), eine große Pfanne erhitzen, die Butter und die Spätzle hineingeben und bei mittlerer Hitze unter gelegentlichem Wenden erwärmen. Die Gewürze aus der Sauce fischen und wegwerfen. Mit dem Schneebesen so viel Mehlbutter in Flöckchen in die Sauce einrühren, bis diese leicht bindet. Die Zwetschgen dazugeben und bei schwacher Hitze 5 Min. mitköcheln lassen. Mit Salz und Pfeffer abschmecken.

5 Das Hirschrückenfilet aus dem Ofen nehmen und in Scheiben schneiden. Den Saft, der sich in der Form gebildet hat, unter die Sauce rühren. Das Filet mit den Spätzle und der Zwetschgensauce auf vorgewärmten Tellern anrichten. Dazu schmeckt ein reifer Rotwein, z. B. ein Bordeaux.

Bei Niedrigtemperatur gelingt rosa gebratenes Hirschrückenfilet einfach und perfekt. Wenn's mal schneller gehen soll, können Sie das Filet auch im Backofen bei 180° **garen. Das gewürzte Fleisch in einem kleinen Bräter wie beschrieben anbraten, das Bratenthermometer in die dickste Stelle stecken und das Filet im vorgeheizten Ofen (Mitte, Umluft 160°) 25–30 Min. braten, bis es eine Kerntemperatur von 60° erreicht hat. Vor dem Anschneiden in Alufolie wickeln und 10 Min. ruhen lassen. Spätzle und Sauce vorher vorbereiten.**

Wildschweinbraten mit Schupfnudeln

Für den Wildschweinbraten
800 g Wildschweinbraten (Schulter oder Keule)
Salz | Pfeffer
1 Zwiebel
2 Knoblauchzehen
1 säuerlicher Apfel
1 EL Schweineschmalz (oder neutrales Pflanzenöl)
400 ml Wildfond (Rezept S. 15 oder aus dem Glas)
4 EL Sahne
Für die Schupfnudeln
800 g mehlig kochende Kartoffeln
200 g Mehl + etwas Mehl für die Arbeitsfläche
Salz
Muskatnuss, frisch gerieben
1 Ei
1 Eigelb
2 EL Butterschmalz
Außerdem
Küchengarn (bei Bedarf)
Kartoffelpresse

Für 4 Personen | ca. 1 Std. Zubereitung
ca. 1 Std. 15 Min. Garzeit
Pro Portion ca. 795 kcal, 52 g EW, 37 g F, 64 g KH

1 Das Fleisch kalt abwaschen und trocken tupfen, mit Salz und Pfeffer einreiben, bei Bedarf binden. Zwiebel und Knoblauch schälen und fein hacken. Den Apfel schälen, das Kerngehäuse entfernen und das Fruchtfleisch klein würfeln. Einen Schmortopf erhitzen, das Schweineschmalz hineingeben und das Fleisch darin bei mittlerer Hitze in 6–7 Min. rundherum anbraten, herausheben. Zwiebel, Knoblauch und Apfel hineingeben und 2 Min. unter Rühren anbraten, mit dem Fond ablöschen. Den Braten wieder hineinsetzen und zugedeckt bei mittlerer Hitze 45 Min. schmoren lassen.

2 Inzwischen die Kartoffeln waschen, in einem Topf mit Wasser bedecken und in ca. 25 Min. weich kochen. Abgießen und ausdampfen lassen. Noch warm pellen, durch die Kartoffelpresse auf die Arbeitsfläche drücken und vollständig auskühlen lassen. Dann das Mehl und je 1 kräftige Prise Salz und Muskat, das Ei und das Eigelb dazugeben und alles gut verkneten. Den Teig auf der bemehlten Arbeitsfläche zu einer Rolle formen, in Scheiben schneiden und daraus fingerdicke Nudeln formen, deren Enden leicht spitz zulaufen.

3 Den Braten wenden und ca. 30 Min. zugedeckt weiterschmoren lassen. 15 Min. vor Ende der Garzeit in einem großen Topf reichlich Wasser für die Schupfnudeln aufkochen, salzen und die Nudeln darin 2 Min. kochen. Mit einem Schaumlöffel herausheben und gut abtropfen lassen. Jeweils 1 EL Butterschmalz in einer Pfanne erhitzen, die Schupfnudeln darin in 2 Portionen bei mittlerer Hitze in jeweils 3–4 Min. von allen Seiten goldbraun braten. Fertige Schupfnudeln in einer Schüssel bei 70° im Backofen warm halten.

4 Den Braten herausnehmen und zugedeckt 10 Min. ruhen lassen. Inzwischen die Sahne zur Sauce geben, bei starker Hitze einkochen lassen, mit Salz und Pfeffer abschmecken. Den Braten quer zur Faser in Scheiben schneiden, mit den Schupfnudeln und der Sauce auf vorgewärmten Tellern anrichten. Dazu schmeckt Bier oder ein kräftiger Rotwein.

Für Niedrigtemperatur den Backofen samt einer ofenfesten Form auf 80° vorheizen. Den gewürzten Braten in einer Pfanne anbraten, in die Form umsetzen und im Ofen (Mitte, keine Umluft) 2 Std. 30 Min.–3 Std. garen, bis er eine Kerntemperatur von 65° erreicht hat. Für die Sauce 30 Min. vor Ende der Garzeit die Pfanne mit dem Bratensatz wieder erhitzen und Zwiebel, Knoblauch und Apfel darin anbraten. Mit dem Wildfond ablöschen und 20 Min. bei starker Hitze einkochen lassen. Die Sahne hinzufügen und die Sauce in weiteren 10 Min. bei mittlerer Hitze cremig einkochen lassen. Den Braten aus dem Ofen nehmen, den Saft aus der Form unter die Sauce rühren. Mit Salz und Pfeffer abschmecken.

TAUSCH-TIPP Sie haben Quitten im Garten? Dann verwenden Sie die statt des Apfels, sie schmecken ausgezeichnet zum Wildschwein: 2 Quitten schälen, das Kerngehäuse entfernen, die Früchte in Spalten schneiden und in den letzten 30 Min. mitschmoren lassen.

Poularde mit Estragon-Walnuss-Butter

50 g Walnusshälften
4 Knoblauchzehen
½ Bund frischer Estragon
100 g Butter
Salz
1 Poularde (ca. 1,6 kg; beim Geflügelhändler vorbestellen)
Pfeffer
4 junge Knoblauchknollen

Für 4 Personen | ca. 25 Min. Zubereitung
ca. 1 Std. 15 Min. Garzeit
Pro Portion ca. 1025 kcal, 60 g EW, 83 g F, 11 g KH

1 Die Walnüsse in einem Pfännchen ohne Fett rösten, bis sie duften. Abkühlen lassen und fein hacken. Den Knoblauch schälen und fein hacken. Den Estragon waschen und trocken schütteln, die Blätter fein schneiden. Die Butter mit den vorbereiteten Zutaten und 1 Prise Salz verkneten.

2 Den Backofen auf 200° vorheizen. Die Poularde innen und außen waschen und trocken tupfen. Innen und außen mit Salz und Pfeffer würzen. Die Haut an der Brust von der Halsöffnung her vorsichtig ablösen, die Finger zwischen Brust und Haut immer weiterschieben und die Haut lösen, ohne dass sie zerreißt. Die Würzbutter unter die Poulardenhaut schieben und das Huhn so massieren, dass sich die Butter gut unter der Haut verteilt. Die Poularde mit der Brust nach oben in einen Bräter setzen und 100 ml Wasser angießen. Den Bräter in den heißen Backofen schieben (Mitte, Umluft 180°) und die Poularde darin 30 Min. braten.

3 Die Knoblauchknollen waschen und halbieren. Um die Poularde verteilen und alles weitere 45 Min. braten. Um zu sehen, ob der Vogel fertig ist, in den dicksten Teil der Brust und in eine Keule stechen: Wenn das leicht geht und der austretende Fleischsaft klar ist, die Poularde herausnehmen, sonst noch 5–15 Min. weiterbraten. (Dabei evtl. mit Alufolie abdecken, damit die Haut nicht zu dunkel wird.)

4 Die Poularde auf ein Brett mit Saftrille heben und 5 Min. zugedeckt ruhen lassen. Tranchieren (siehe S. 18) und mit dem Knoblauch und etwas Bratensaft auf vorgewärmten Tellern anrichten. Dazu schmecken knuspriges Baguette, ein bunter Salat mit Vinaigrette (idealerweise mit Estragon-Essig zubereitet) und ein junger Rotwein. Der Knoblauch ist ganz mild und weich geworden, lässt sich gut aus den Häutchen drücken und auf das Brot streichen.

Die Poularde gelingt so, bei 200° im Backofen gebraten, am besten. Das Brustfleisch, das sonst leicht trocken wird, wird durch die Würzbutter unnachahmlich zart und saftig. Niedrigtemperatur ist dafür ungeeignet (vgl. Hähnchen, S. 46).

GUT ZU WISSEN **Poularden sind besonders fleischige Masthühner, die mit Mais und Körnern gefüttert und nach ca. 6 Monaten geschlachtet werden. Am besten schmecken die französischen aus der Bresse.**

TAUSCH-TIPP **Statt Walnüssen und Estragon können Sie auch 50 g gehackte geröstete Pinienkerne, 1 EL fein gehackte Thymianblättchen und 50 g in feine Streifen geschnittenen Parmaschinken unter die Butter mischen – so erhält die Poularde eine italienische Note.**

Gefüllte Entenbrust mit Orangen-Couscous

Für die Entenbrüste
2 EL Mandelstifte
je 50 g Orangeat und kandierter Ingwer
4 Entenbrustfilets (je ca. 250 g)
Salz | Cayennepfeffer
40 g Butter
200 ml Entenfond (aus dem Glas)
200 ml Orangensaft
Für den Couscous
2 Orangen, davon 1 Bio-Orange
1 Möhre | 3 Frühlingszwiebeln
1 EL Butter
Salz
300 ml Gemüsebrühe (Instant)
250 g Couscous (Instant)
Außerdem
14 Stücke Küchengarn (je ca. 35 cm)

Für 4 Personen | ca. 1 Std. Zubereitung
ca. 45 Min. Garzeit
Pro Portion ca. 1200 kcal, 44 g Eiweiß, 81 g F, 72 g KH

1 Die Mandelstifte in einer Pfanne ohne Fett goldbraun rösten, abkühlen lassen. Orangeat, Ingwer und Mandelstifte hacken und vermengen. Die Entenbrüste kalt abwaschen und trocken tupfen, die Haut rautenförmig einritzen, damit das Fett später gut ausbraten kann. Von beiden Seiten mit Salz und Cayennepfeffer würzen.

2 2 Entenbrustfilets mit der Hautseite nach unten auf die Arbeitsfläche legen. Jeweils mittig die Hälfte der Mandelmischung darauf verteilen, dabei einen ca. 2 cm breiten Rand frei lassen, damit die Füllung später nicht herausquillt. Die übrigen Filets mit der Hautseite nach außen darauflegen und andrücken. Mit je 7 Stücken Küchengarn quer binden (gleichmäßiger Abstand, Garnenden auf 2–3 cm kürzen).

3 Den Backofen auf 175° vorheizen. Die gefüllten Entenbrüste in eine kalte Pfanne legen und auf mittlere Hitze erwärmen. 5–7 Min. braten, bis die Haut goldbraun ist. Dann wenden und auf der anderen Seite 5 Min. braten. Die Entenbrüste in eine ofenfeste Form setzen und im heißen Backofen (Mitte, Umluft 160°) ca. 45 Min. braten. Das Entenfett aus der Pfanne abgießen, die Pfanne nicht ausspülen.

4 Für die Sauce die Butter würfeln und ins Tiefkühlfach geben. Den Bratensatz in der Pfanne wieder erhitzen, mit Entenfond und Orangensaft ablöschen und bei mittlerer Hitze auf ca. die Hälfte einkochen lassen.

5 Für den Couscous die Bio-Orange heiß waschen, abtrocknen und die Schale mit einem Zestenreißer abziehen. Beide Orangen so schälen, dass auch die bittere weiße Haut entfernt wird. Über einer Schüssel die Orangenfilets mit einem scharfen Messer zwischen den Trennhäutchen herausschneiden, den Saft dabei auffangen. Die Möhre schälen und in feine Stifte schneiden. Die Frühlingszwiebeln putzen, waschen und fein schneiden. Die Butter in einem Pfännchen schmelzen, Möhre und Frühlingszwiebeln darin 2–3 Min. unter Rühren andünsten, leicht salzen.

6 Die Gemüsebrühe und den aufgefangenen Orangensaft mit den Orangenzesten in einem Topf aufkochen. Vom Herd nehmen, den Couscous einrühren und nach Packungsanweisung ca. 5 Min. zugedeckt quellen lassen. Mit einer Gabel auflockern, das Gemüse und die Orangenfilets unterziehen. Zugedeckt warm halten.

7 Die Entenbrüste herausnehmen und 5 Min. zugedeckt ruhen lassen. Den Saft, der sich in der Form gebildet hat, zur Sauce geben. Die eiskalte Butter in die Sauce rühren, mit Salz und Cayennepfeffer abschmecken. Die Entenbrüste zwischen der Garnbindung in Scheiben schneiden (das Garn nicht vorher entfernen, sonst fallen die Stücke auseinander!). Je 4 Scheiben mit dem Orangen-Couscous und der Sauce auf vorgewärmten Tellern anrichten.

Für Niedrigtemperatur den Backofen samt einer ofenfesten Form auf 80° vorheizen. Die gefüllten Entenbrüste wie beschrieben anbraten, in die Form umsetzen und ca. 2 Std. im Ofen (Mitte, keine Umluft) garen, bis sie eine Kerntemperatur von 65° erreicht haben.

Gewürzente

2 Zimtstangen
10 grüne Kardamomkapseln
10 Pimentkörner
2 Gewürznelken
1 TL schwarze Pfefferkörner
1 Ente (ca. 2,5 kg)
Salz
1 Bio-Orange
60 g Butter
1 EL Orangenmarmelade
150 ml Geflügelfond (Rezept S. 15 oder aus dem Glas)
Pfeffer
1 EL heller Saucenbinder (nach Belieben)
Außerdem
Holzspießchen
Küchengarn

Für 4 Personen | ca. 40 Min. Zubereitung
ca. 2 Std. 30 Min. Garzeit
Pro Portion ca. 1265 kcal, 99 g EW, 99 g F, 4 g KH

1 Die Gewürze in einem Pfännchen bei schwacher Hitze rösten, bis sie duften. Vom Herd nehmen und abkühlen lassen. Inzwischen die Ente innen und außen waschen und trocken tupfen, den Bürzel und die Flügelspitzen entfernen. Die Ente innen und außen salzen. Die Orange heiß waschen, abtrocknen und achteln. Die Hälfte der Gewürze und die Orangenstücke in den Entenbauch füllen, die Öffnung quer mit Holzspießchen zustecken, das Küchengarn kreuzweise darum herumbinden (siehe S. 7). Die Ente mehrfach unter den Keulen einstechen, damit das Fett besser ausbraten kann.

2 Den Backofen auf 180° vorheizen. Die übrigen Gewürze in der Gewürzmühle oder im Blitzhacker fein mahlen. Die Butter in einem Pfännchen schmelzen, das Gewürzpulver unterrühren. Die Ente rundherum damit einpinseln. Mit der Brust nach unten in einen flachen Bräter legen, 100 ml Wasser angießen und die Ente im heißen Ofen (unteres Drittel, Umluft 160°) 1 Std. braten, dabei einmal mit der Gewürzbutter einpinseln. Die Ente wenden, wieder einpinseln und ca. 1 Std. 30 Min. weiterbraten. Zur Garprobe in die Brust und in eine Keule stechen: Wenn das leicht geht und der austretende Bratensaft klar ist, die Ente herausnehmen und 5 Min. zugedeckt ruhen lassen.

3 Die Backofentemperatur auf 220° erhöhen und den Grill zuschalten. Die Ente tranchieren (siehe S. 18), die Orangenstücke und die Gewürze aus dem Inneren wegwerfen. Die Entenstücke mit der Hautseite nach oben auf eine ofenfeste Platte legen. Die Orangenmarmelade und die übrige Gewürzbutter verrühren, die Entenhaut damit einpinseln und im Backofen (Mitte) in 5–7 Min. knusprig braun grillen.

4 Inzwischen den größten Teil des Entenfetts aus dem Bräter mit einem Esslöffel abschöpfen (siehe Tipp). Den Bratensatz im Bräter auf dem Herd aufkochen, mit dem Geflügelfond ablöschen und bei starker Hitze einkochen lassen. Die Sauce mit Salz und Pfeffer abschmecken und nach Belieben mit dem Saucenbinder binden. Die Gewürzente mit der Sauce auf vorgewärmten Tellern servieren. Dazu schmecken Cranberry-Blaukraut (Rezept S. 86), Serviettenknödel (Rezept S. 119) und ein kräftiger Rotwein oder Orangen-Couscous (Rezept S. 95) und ein fruchtiger Weißwein.

Sie können die Ente auch bei Niedrigtemperatur zubereiten: Im auf 220° vorgeheizten Backofen (unteres Drittel, Umluft 200°) in der Fettpfanne zuerst von jeder Seite 30 Min. anbraten. Dann die Backofenhitze auf 80°–90° absenken und die Ente in ca. 5 Std. fertig garen. Wie beschrieben vor dem Servieren die Entenhaut unter dem Backofengrill knusprig grillen. Voraussetzung dabei ist eine frische Ente (keine TK-Ware!) aus einer sehr verlässlichen Quelle und absolut hygienische Verarbeitung. Da die Ente nur bis zu einer Kerntemperatur von 70° gegart wird, werden eventuelle Keime nicht abgetötet. Das Fleisch allerdings wird superzart und saftig, ein Hochgenuss für alle Gourmets, die rosa gebratene Ente lieben.

TIPP Das Entenfett können Sie in einem Schraubglas im Kühlschrank aufbewahren und zum Anbraten von Fleisch und für Blaukraut verwenden.

FESTTAGSBRATEN FÜR SECHS

Ob Schweinebraten mit Knusperkruste, Kalbsbrust mit würziger Füllung oder Rehkeule mit raffinierten Beilagen – Ihre Gäste werden sich die Finger lecken!

Schweinekrustenbraten mit Biersauce und Brezenknödeln

Für den Krustenbraten
1 TL Kümmel | ½ TL getrockneter Majoran
2 Knoblauchzehen | 1 EL neutrales Pflanzenöl
1,2 kg Schweinebraten mit Schwarte (Schulter)
Salz
1 Bund Suppengrün (Möhre, Lauch, Knollensellerie, Petersilienwurzel und 1–2 Stiele Petersilie)
2 Zwiebeln | ⅜ l helles Bier
Pfeffer

Für die Brezenknödel
500 g altbackene Laugenbrezen
200 ml Milch
2 Schalotten | 1 Bund Petersilie
1 EL Butter | 3 Eier
Salz | Pfeffer | Muskatnuss, frisch gerieben

Für 6 Personen | ca. 1 Std. 10 Min. Zubereitung
ca. 2 Std. Garzeit
Pro Portion ca. 775 kcal, 46 g EW, 44 g F, 44 g KH

1 Den Backofen auf 220° vorheizen. Den Kümmel hacken, den Majoran zerrebeln, den Knoblauch schälen und durchpressen. Alles mit dem Öl verrühren. Das Fleisch trocken tupfen, die Schwarte mit einem scharfen Messer rautenförmig einschneiden. Den Braten rundherum salzen und mit der Würzmischung einreiben. Mit der Schwarte nach unten in einen Bräter legen und 400 ml heißes Wasser angießen. Den Braten im heißen Ofen (unteres Drittel, Umluft 200°) 20 Min. garen.

2 Inzwischen das Suppengrün waschen, putzen und klein würfeln, die Petersilienstiele ganz lassen. Die Zwiebeln schälen und grob hacken. Den Braten wenden, Suppengrün und Zwiebeln darum herumverteilen. Den Braten ca. 1 Std. 40 Min. weiterbraten, dabei die Kruste dreimal mit jeweils 3 EL Bier begießen, damit sie knusprig wird. Bei Bedarf noch etwas Wasser angießen.

3 Für die Knödel die Brezen vom Salz befreien, in dünne Scheiben schneiden und in eine Schüssel geben. Die Milch aufkochen, darübergießen und die Brezen 30 Min. einweichen lassen. Inzwischen die Schalotten schälen und fein hacken. Die Petersilie waschen und trocken schütteln, die Blätter fein schneiden. Die Butter in einem Pfännchen erhitzen, Schalotten und Petersilie darin 2 Min. unter Rühren andünsten, abkühlen lassen.

4 In einem großen Topf reichlich Wasser erhitzen. Die Schalottenmischung und die Eier zu den eingeweichten Brezen geben und alles gut verkneten. Mit Salz, Pfeffer und Muskat abschmecken. Aus der Masse zwölf kleine Knödel formen. Sobald das Wasser kocht, kräftig salzen, die Knödel einlegen und bei schwacher Hitze in ca. 15 Min. gar ziehen lassen. Mit einem Schaumlöffel herausheben und zugedeckt warm halten.

5 Den Schweinebraten herausnehmen und zugedeckt 10 Min. ruhen lassen. Inzwischen das übrige Bier zur Sauce geben. Die Petersilienstiele aus der Sauce fischen und wegwerfen. Die Sauce in ein hohes Rührgefäß füllen und mit dem Pürierstab pürieren. Mit Salz und Pfeffer abschmecken. Den Braten quer zur Faser in Scheiben schneiden und mit Knödeln und Sauce auf vorgewärmten Tellern servieren. Dazu schmeckt Bier.

Niedrigtemperatur ist für den Krustenbraten keine gute Wahl, weil die Kruste nicht knusprig würde. Ein Schweinebraten ohne Schwarte aber gelingt herrlich saftig: Den Ofen samt ofenfester Form auf 80° vorheizen. 1,2 kg Schulterbraten ohne Schwarte wie beschrieben würzen. In einem Bräter in 8–10 Min. rundherum anbraten, in die Form umsetzen und im Ofen (Mitte, keine Umluft) ca. 4 Std. 30 Min. garen (bis 65° Kerntemperatur). 1 Std. vor Ende der Garzeit für die Sauce den Bräter mit dem Bratensatz wieder erhitzen. 3–4 Schweineknochen, Zwiebeln, Suppengrün und 1 EL Tomatenmark darin 7–8 Min. bei mittlerer Hitze anbraten. Mit 1/2 l Kalbsfond und 1/4 l Bier ablöschen und 45 Min. einkochen lassen. Durch ein Sieb in einen Topf abgießen und mit 1–2 EL dunklem Saucenbinder binden. Den Braten herausnehmen, den Saft aus der Form unter die Sauce rühren und mit Salz, Pfeffer und Majoran abschmecken.

Schweinelende mit Walnusspesto-Füllung

Für die Füllung
100 g Walnusshälften
1 Bio-Zitrone | 2 Knoblauchzehen
2 Bund Petersilie | 2 EL Olivenöl
Salz | Pfeffer
Für die Schweinelende
3 Stangen Staudensellerie
2 Möhren | 1 Petersilienwurzel
2 Bio-Zitronen
1 kg Schweinelende (ausgelöstes Kotelettstück mit Fettschicht; vom Metzger längs so einschneiden lassen, dass ein ca. 3 cm dickes Rechteck entsteht)
Salz
2 EL Olivenöl
400 ml Weißwein (oder Gemüsebrühe)
1 Lorbeerblatt
Pfeffer | Zucker
1–2 EL heller Saucenbinder (nach Belieben)
Außerdem
Küchengarn

Für 6 Personen | 40 Min. Zubereitung
ca. 1 Std. 30 Min. Garzeit
Pro Portion ca. 440 kcal, 36 g Eiweiß, 26 g F, 7 g KH

1 Für die Pesto-Füllung die Walnüsse in einer Pfanne ohne Fett rösten, bis sie duften. Vom Herd nehmen und abkühlen lassen. Die Zitrone heiß waschen und abtrocknen, die Schale fein abreiben, dann 2 EL Saft auspressen. Den Knoblauch schälen. Die Petersilie waschen und trocken schütteln, die Blätter abzupfen. Alles mit dem Olivenöl im Blitzhacker mittelfein zerkleinern, mit Salz und Pfeffer kräftig abschmecken.

2 Den Backofen auf 180° vorheizen. Den Staudensellerie putzen, waschen und klein schneiden. Die Möhren und die Petersilienwurzel schälen und in Stücke schneiden. Die Zitronen heiß waschen, abtrocknen und in Ecken schneiden. Das Fleisch trocken tupfen, von beiden Seiten salzen und zum Füllen auslegen. Das Walnusspesto aufstreichen, dabei einen ca. 3 cm breiten Rand frei lassen. Den Braten aufrollen und mit Küchengarn zu einer Rolle binden (siehe S. 7).

3 Einen Bräter erhitzen, das Öl hineingeben und die gefüllte Lende darin bei mittlerer Hitze in 6–7 Min. von allen Seiten goldbraun anbraten, herausheben. Sellerie, Möhren und Petersilienwurzel 2 Min. unter Rühren im Bratfett anbraten, die Zitronenecken dazugeben. Mit der Hälfte des Weißweins ablöschen. Das Lorbeerblatt hinzufügen. Den Braten wieder in den Bräter setzen und ca. 1 Std. 30 Min. im heißen Ofen (Mitte, Umluft 160°) garen, dabei gelegentlich mit dem Bratfond übergießen und nach und nach den übrigen Weißwein angießen.

4 Den Braten auf eine vorgewärmte Platte heben und 10 Min. zugedeckt ruhen lassen. Inzwischen den Bratfond durch ein feines Sieb in einen Topf gießen, Gemüse und Zitronen ausdrücken und wegwerfen. Die Sauce aufkochen, mit Salz, Pfeffer und 1 Prise Zucker abschmecken. Nach Belieben mit Saucenbinder binden. Dazu passen Bandnudeln und glasierte Bundmöhren.

Für Niedrigtemperatur 1 kg Schweinelende ohne Haut und Fettschicht kaufen (oder ein ca. 1,2 kg schweres Fleischstück selbst von der Fettschicht befreien). Den Backofen samt ofenfester Form auf 80° vorheizen. Den Braten wie beschrieben füllen und anbraten, in die Form umsetzen und im Ofen (Mitte, keine Umluft) 2 Std. 30 Min.–3 Std. garen, bis er eine Kerntemperatur von 65° erreicht hat. Kein Gemüse dazugeben und keinen Wein angießen! Wenn Sie eine Sauce dazu wünschen, 1 Std. vor Ende der Garzeit den Bräter mit dem Bratensatz wieder erhitzen und das Gemüse und 1 Bio-Zitrone in Scheiben darin 4–5 Min. anbraten. Mit je 400 ml Weißwein und Kalbsfond ablöschen, das Lorbeerblatt hinzufügen und die Sauce bei mittlerer Hitze 45 Min. einkochen lassen. Durch ein Sieb in einen Topf abgießen, Gemüse und Zitronenscheiben ausdrücken und wegwerfen. Die Sauce aufkochen lassen und mit dem Saucenbinder binden. Den Braten aus dem Ofen nehmen, den Saft aus der Form unter die Sauce rühren, mit Salz, Pfeffer und Zucker abschmecken.

TIPP Die gefüllte Schweinelende schmeckt auch kalt sehr lecker und macht, in dünne Scheiben geschnitten, auch beim Picknick oder auf dem kalten Büfett was her.

Jungschweinekeule mit Weißkraut-Fenchel-Salat

Für die Jungschweinekeule
1 Jungschweinekeule mit Schwarte (ca. 1,5 kg; beim Metzger vorbestellen)
Salz
4 Knoblauchzehen
2 Zwiebeln
1 Bund Suppengrün
1 EL dunkler Saucenbinder
Pfeffer
Für den Salat
800 g Weißkraut
2–3 Fenchelknollen (400 g)
Salz
1 Möhre
1 Bund Frühlingszwiebeln
4 EL Weißweinessig
1 TL mittelscharfer Senf
Pfeffer
Zucker
6 EL neutrales Pflanzenöl

Für 6 Personen | ca. 1 Std. 10 Min. Zubereitung
ca. 2 Std. Garzeit
Pro Portion ca. 450 kcal, 34 g EW, 30 g F, 11 g KH

1 Den Backofen auf 200° vorheizen. Die Schweinekeule kalt abwaschen und trocken tupfen. Die Schwarte rundherum rautenförmig einschneiden (nicht zu tief schneiden, die Schwarte ist beim Jungschwein nicht dick!). Die Keule rundherum mit Salz einreiben. Den Knoblauch schälen. Die Zwiebeln schälen und achteln. Das Suppengrün waschen oder schälen, putzen und in grobe Würfel schneiden.

2 Die Keule mit der Knochenseite nach oben in einen Bräter geben. Knoblauchzehen, Zwiebeln und das Suppengrün darum herumverteilen, 400 ml heißes Wasser angießen. Den Bräter in den heißen Ofen (unteres Drittel, Umluft 180°) schieben und das Fleisch darin 1 Std. garen. Die Keule herausnehmen und den Bräter auf den Backofenboden stellen. Die Keule mit der Knochenseite nach unten auf dem Backofengitter (Mitte) darüber wieder einschieben. Weitere 45 Min.–1 Std. braten, bei Bedarf noch etwas Wasser in den Bräter gießen.

3 Inzwischen für den Salat das Weißkraut von äußeren Blättern befreien, den Strunk entfernen und das Kraut in feine Streifen hobeln und schneiden. Den Fenchel putzen, waschen, längs halbieren, den Strunk herausschneiden und die Hälften in feine Spalten schneiden. Weißkraut und Fenchel in einer Schüssel mit 1/2 TL Salz mischen und 1 Min. mit den Händen kräftig durchkneten. Die Möhre schälen, grob raspeln und dazugeben. Die Frühlingszwiebeln putzen, waschen, in feine Ringe schneiden und ebenfalls dazugeben. Essig, Senf und je 1 kräftige Prise Salz, Pfeffer und Zucker verrühren, das Öl unterschlagen und das Dressing unter den Salat mischen. Zugedeckt beiseitestellen.

4 Die Ofentemperatur auf 220° erhöhen und den Backofengrill zuschalten. 1/2 TL Salz mit 2 EL Wasser rühren. Den Bräter herausnehmen, als Tropfschutz Alufolie auf den Backofenboden legen. Die Schwarte mit der Salzlösung einpinseln und die Keule von jeder Seite 4–5 Min. knusprig grillen.

5 Inzwischen den Bratfond auf dem Herd mit etwas Wasser loskochen. Durch ein feines Sieb in einen Topf abgießen, Gemüse, Knoblauch und Zwiebeln gut ausdrücken und wegwerfen. Die Sauce aufkochen, den Saucenbinder einrühren und einkochen lassen. Mit Salz und Pfeffer abschmecken.

6 Die Keule herausnehmen und 5 Min. zugedeckt ruhen lassen. Das Fleisch vom Knochen schneiden und mit der Sauce auf vorgewärmten Tellern anrichten. Den Weißkraut-Fenchel-Salat dazureichen. Dazu schmecken außerdem Kartoffelknödel (Rezept S. 122) und Bier.

Für die Jungschweinekeule mit knuspriger Kruste ist Niedrigtemperatur ungeeignet.

Gefüllte Kalbsbrust

4 altbackene Brötchen (oder 200 g Knödelbrot)
⅛ l Milch
1 Zwiebel
2 Möhren
2 Petersilienwurzeln
1 Stange Lauch
1 Bund Petersilie
100 g durchwachsener Räucherspeck (ohne Schwarte)
1 EL neutrales Pflanzenöl
3 Eier
abgeriebene Schale von ½ Bio-Zitrone
Salz
Pfeffer
Muskatnuss, frisch gerieben
1,2 kg Kalbsbrust (beim Metzger vorbestellen und eine Tasche zum Füllen einschneiden lassen)
2 EL Butterschmalz
600 ml Kalbsfond (Rezept S. 14 oder aus dem Glas)

Außerdem
Rouladennadeln oder Küchengarn

Für 6 Personen | ca. 50 Min. Zubereitung
ca. 2 Std. Garzeit
Pro Portion ca. 595 kcal, 48 g EW, 35 g F, 21 g KH

1 Die Brötchen in dünne Scheiben schneiden und in eine Schüssel geben. Die Milch aufkochen und darübergießen. Die Zwiebel schälen und fein hacken. Möhren, Petersilienwurzeln und Lauch putzen, waschen und in millimeterfeine Würfelchen schneiden. Die Petersilie waschen und trocken schütteln, die Blätter fein schneiden. Den Speck klein würfeln.

2 Eine Pfanne erhitzen, das Öl und den Speck hineingeben und bei mittlerer Hitze unter Rühren 2–3 Min. anbraten. Zwiebel und Gemüsewürfelchen hinzufügen und 2–3 Min. mitbraten. Die Petersilie unterrühren und die Pfanne vom Herd nehmen. Die Hälfte der Speck-Gemüse-Mischung zu den Brötchen geben, die andere Hälfte für die Sauce beiseitestellen.

3 Für die Füllung die Eier zu den Brötchen geben, Zitronenschale und je 1 kräftige Prise Salz, Pfeffer und Muskat hinzufügen. Alles zu einem lockeren Teig vermengen, dabei nicht zu stark kneten, damit die Füllung schön locker wird.

4 Die Kalbsbrust trocken tupfen, innen und außen salzen und pfeffern. Die Füllung in die Tasche geben, gut verteilen (die Tasche darf nicht zu prall gefüllt sein, weil die Füllung noch etwas aufgeht!). Die Öffnung mit Rouladennadeln zustecken oder mit Küchengarn vernähen.

5 Den Backofen auf 200° vorheizen. Einen Bräter erhitzen und das Butterschmalz hineingeben. Die gefüllte Kalbsbrust darin bei mittlerer Hitze in 8–10 Min. goldbraun anbraten, den Kalbsfond angießen. Den Bräter in den heißen Ofen schieben (unteres Drittel, Umluft 180°) und die Kalbsbrust darin 1 Std. braten. Dann wenden und ca. 1 Std. weiterbraten, dabei gelegentlich mit dem Bratfond begießen.

6 Die Kalbsbrust herausheben und zugedeckt 10 Min. ruhen lassen. Inzwischen den Bratfond auf dem Herd aufkochen und die beiseitegestellte Speck-Gemüse-Mischung hinzufügen. Die Sauce bei starker Hitze 5–6 Min. kochen lassen, mit Salz und Pfeffer abschmecken. Die Kalbsbrust in Scheiben schneiden, vorsichtig auf vorgewärmte Teller heben und mit der Sauce überziehen. Dazu schmecken Kartoffelsalat und Bier.

Für die gefüllte Kalbsbrust ist Niedrigtemperatur ungeeignet, weil die Füllung dabei nicht gar würde.

Kalbshaxe mit Orangen-Gremolata

1 Kalbshaxe (ca. 1,8 kg)
Salz
Pfeffer
5 EL neutrales Pflanzenöl
1 Zwiebel
1 Möhre
1 Stück Knollensellerie
1 dünne Stange Lauch
500 g Kalbsknochen
1 EL Mehl
600 ml trockener Weißwein
1 Bio-Orange
2 Knoblauchzehen
4 Sardellen (in Öl)
1 Bund Petersilie

Für 6 Personen | ca. 1 Std. Zubereitung
ca. 3 Std. 30 Min. Garzeit
Pro Portion ca. 450 kcal, 41 g EW, 22 g F, 7 g KH

1 Den Backofen samt Fettpfanne auf 240° vorheizen. Die Kalbshaxe kalt abwaschen und trocken tupfen, von Häutchen und Sehnen befreien. Rundherum salzen und pfeffern und mit 1 EL Öl einreiben. 2 EL Öl in die Fettpfanne geben. Die Kalbshaxe mit der Knochenseite nach unten hineinlegen und im heißen Ofen (unteres Drittel, Umluft 220°) 30 Min. braten.

2 Die Fettpfanne mit der Haxe herausnehmen und mit Alufolie abdecken. Die Ofentemperatur bei geöffneter Backofentür auf 80° reduzieren. Die Alufolie entfernen, die Kalbshaxe in der Fettpfanne wieder in den Ofen (unteres Drittel, keine Umluft) schieben und bei 80° ca. 3 Std. garen. Zum Ende der Garzeit das Bratenthermometer in die dickste Stelle der Kalbshaxe, aber nicht bis zum Knochen stecken und das Fleisch so lange weitergaren, bis es eine Kerntemperatur von 60° erreicht hat.

3 1 Std. 30 Min. vor Ende der Garzeit für die Sauce die Zwiebel schälen und grob hacken. Das Gemüse putzen, waschen und grob würfeln. Einen Topf erhitzen, das übrige Öl hineingeben und die Knochen darin bei mittlerer Hitze in 10 Min. rundherum anbraten. Das Mehl darüberstreuen, Zwiebel und Gemüse dazugeben und alles 3–4 Min. mitbraten. Mit dem Wein ablöschen, aufkochen und 1 Std. bei mittlerer Hitze einkochen lassen.

4 Für die Gremolata die Orange heiß waschen und abtrocknen. Die Schale mit einem Zestenreißer in feinen Streifen abziehen. Die Orange auspressen, den Saft zur Sauce geben und mitkochen lassen. Den Knoblauch schälen und hacken. Die Sardellen abtropfen lassen und hacken. Die Petersilie waschen und trocken schütteln, die Blätter schneiden. Orangenschale, Knoblauch, Sardellen und Petersilie zusammen fein durchhacken.

5 Die Sauce durch ein feines Sieb in einen zweiten Topf abgießen, die Knochen und das Gemüse gut abtropfen lassen und wegwerfen. Die Sauce aufkochen lassen und die Orangen-Gremolata einrühren. Mit Salz und Pfeffer abschmecken.

6 Die Kalbshaxe herausheben. Das Fleisch in Scheiben vom Knochen schneiden und mit der Sauce auf vorgewärmten Tellern anrichten. Dazu schmecken Pellkartoffeln oder Bandnudeln und ein fruchtiger Weißwein.

Sie bevorzugen durchgebratenes Fleisch? Dann bereiten Sie die Kalbshaxe bei 180° im Ofen zu: Dafür die Haxe 8–10 Min. rundherum in 3 EL Öl in einem Bräter anbraten. Herausheben und Zwiebel, Gemüse und Mehl 2 Min. unter Rühren im Bratsatz anbraten. Mit je 300 ml Weißwein und Kalbsfond ablöschen und aufkochen lassen. Die Haxe wieder hineinsetzen und im vorgeheizten Ofen (unteres Drittel, Umluft 160°) 1 Std. zugedeckt garen. Dann die Haxe wenden und in 1 Std. 30 Min.–2 Std. offen fertig garen, dabei regelmäßig mit dem Bratfond begießen. Zum Servieren die Kalbshaxe herausheben und 10 Min. zugedeckt ruhen lassen. Inzwischen den Bratfond durch ein feines Sieb in einen Topf abgießen. Die Sauce aufkochen lassen. Das Fleisch vom Knochen schneiden und in eine vorgewärmte Servierform geben. Die Orangen-Gremolata unter die Sauce rühren. Die Sauce abschmecken und über dem Fleisch verteilen.

Fächerbraten mit Schinken und Tomaten

10 eingelegte getrocknete Tomaten + 3 EL Einlegeöl
1 Bund Basilikum
1 kg Kalbsbraten (Nuss)
5 Scheiben Parmaschinken (ca. 80 g)
Salz | Pfeffer
1 EL Butter (15 g) | 1 EL Mehl
4 Schalotten
100 ml trockener Sherry (Fino)
400 ml Kalbsfond (Rezept S. 14 oder aus dem Glas)
2 reife Strauchtomaten
Außerdem
Küchengarn

Für 6 Personen | ca. 1 Std. Zubereitung
ca. 3 Std. Garzeit
Pro Portion ca. 295 kcal, 39 g EW, 11 g F, 3 g KH

1 Die getrockneten Tomaten abtropfen lassen und in feine Streifen schneiden. Das Basilikum waschen und trocken schütteln, die Hälfte in feuchtes Küchenpapier wickeln und ins Gemüsefach des Kühlschranks legen. Von den übrigen Stielen die Blätter abzupfen.

2 Das Kalbfleisch trocken tupfen. In den Braten längs im Abstand von 1,5 bis 2 cm parallel fünf tiefe Taschen so einschneiden, dass der Braten unten noch gut zusammenhält. In jede Tasche 1 längs gefaltete Schinkenscheibe, ein Fünftel der Tomatenstreifen und 3–4 Basilikumblätter füllen. Mit Küchengarn binden (siehe S. 7), den Braten rundherum salzen und pfeffern.

3 Den Backofen samt einer ofenfesten Form auf 80° vorheizen. Eine Pfanne erhitzen und das Tomaten-Einlegeöl hineingeben. Den Braten darin bei mittlerer Hitze in 7–8 Min. rundherum anbraten. In die Form setzen und ca. 3 Std. im Ofen (Mitte, keine Umluft) garen, bis das Fleisch eine Kerntemperatur von 60° erreicht hat. Die Pfanne nicht ausspülen. Butter und Mehl verkneten und in Folie gewickelt in den Kühlschrank legen.

4 Ca. 30 Min. vor Ende der Garzeit die Schalotten schälen und fein hacken. Die Pfanne wieder erhitzen und die Schalotten darin 2 Min. unter Rühren anbraten. Mit dem Sherry ablöschen und 3 Min. bei starker Hitze einkochen lassen. Den Fond angießen, aufkochen und bei mittlerer Hitze 20 Min. einkochen lassen.

5 Inzwischen die Tomaten kreuzförmig einritzen, mit kochendem Wasser überbrühen, kalt abschrecken und häuten. Die Tomaten quer halbieren, entkernen und das Fruchtfleisch ohne die Stielansätze in kleine Würfelchen schneiden. Vom übrigen Basilikum die Blätter abzupfen und grob zerzupfen.

6 Die Sauce durch ein feines Sieb in einen Topf abgießen und wieder aufkochen. Weiterköcheln lassen und nach und nach so viel Mehlbutter in Flöckchen mit dem Schneebesen einrühren, bis die Sauce bindet. Tomatenwürfelchen unterrühren und 1 Min. darin erwärmen.

7 Den Fächerbraten herausnehmen, den Saft, der sich in der Form gebildet hat, zur Sauce geben. Den Braten vom Küchengarn befreien und quer zur Füllung in Scheiben schneiden. Mit der Sauce auf vorgewärmten Tellern anrichten, Basilikum darüberstreuen. Dazu schmecken Safranrisotto und ein trockener Weißwein.

Sie können den Fächerbraten auch bei 180° zubereiten: Den gefüllten Kalbsbraten in einem Bräter im Tomaten-Einlegeöl anbraten. Gehackte Schalotten kurz mitbraten und mit dem Sherry und 200 ml Kalbsfond ablöschen. Den Bräter in den vorgeheizten Backofen (Mitte, Umluft 160°) schieben und den Braten darin 45 Min. garen, dabei alle 10 Min. mit dem Bratfond begießen. Dann das Fleisch wenden, den übrigen Fond angießen und den Braten in ca. 45 Min. fertig garen, dabei weiterhin regelmäßig mit Bratfond begießen. Herausheben und 10 Min. zugedeckt ruhen lassen. Inzwischen die Sauce fertigstellen.

FAZIT **Bei Niedrigtemperatur gegart wird der Braten butterzart und aromatisch, das Fleisch behält einen rosigen Kern. Wer Kalbfleisch lieber durchgebraten isst, bereitet es besser bei 180° zu. Das Fleisch bekommt dabei eine etwas festere Konsistenz, die Sauce wird aromatischer. Wählen Sie selbst!**

Barolo-Braten mit Polenta

Für den Braten
1,2 kg Rinderbraten (z. B. Schulter)
1 Flasche Barolo (0,75 l, ersatzweise anderer kräftiger Rotwein)
1 Zwiebel | 1 Möhre
2 Stangen Staudensellerie
1 Lorbeerblatt
1 TL schwarze Pfefferkörner | Salz
40 g durchwachsener Räucherspeck
2 EL neutrales Pflanzenöl
1–2 gestrichene EL Speisestärke
Pfeffer

Für die Polenta
5 frische Salbeiblätter | Salz
250 g Polenta-Grieß (Instant)
70 g Butter
2–3 EL Kastanienmehl (Bio-Laden)

Für 6 Personen | ca. 1 Std. Zubereitung
24 Std. Marinieren | ca. 2 Std. 30 Min. Garzeit
Pro Portion ca. 630 kcal, 45 g EW, 29 g F, 38 g KH

1 Den Rinderbraten in eine Schüssel legen. Den Wein darübergießen. Die Zwiebel schälen und grob hacken. Die Möhre schälen und in Scheiben schneiden. Den Sellerie waschen und in Scheiben schneiden. Alles mit dem Lorbeerblatt und den Pfefferkörnern dazugeben und zugedeckt 24 Std. im Kühlschrank marinieren, dabei zwei- bis dreimal wenden.

2 Das Fleisch aus der Marinade heben und trocken tupfen. Die Marinade mit dem Gemüse in einem Topf aufkochen und bei starker Hitze in ca. 25 Min. auf die Hälfte einkochen lassen.

3 Inzwischen das Fleisch rundherum salzen. Den Speck klein würfeln. Einen Schmortopf erhitzen, Öl und Speck hineingeben und bei mittlerer Hitze 2 Min. braten. Den Rinderbraten einlegen und darin in 8–10 Min. rundherum anbraten. Die eingekochte Marinade durch ein feines Sieb angießen (das Gemüse wegwerfen) und den Braten bei schwacher Hitze in ca. 2 Std. 30 Min. zugedeckt weich schmoren, dabei zweimal wenden.

4 15 Min. vor Ende der Garzeit die Salbeiblätter waschen, sorgfältig abtrocknen und in Streifen schneiden. In einem hohen Topf 1,2 l Wasser aufkochen, 1 1/2 TL Salz hinzufügen. Die Polenta ganz langsam unter ständigem Rühren einrieseln lassen und bei schwacher Hitze in 5–10 Min. ausquellen lassen (Vorsicht, das kann spritzen!). Inzwischen die Butter in einer Pfanne schmelzen. Kastanienmehl und Salbei dazugeben und unter Rühren rösten, bis es würzig duftet. Die Mischung esslöffelweise unter die Polenta rühren. Zugedeckt warm halten.

5 Den Braten herausnehmen und zugedeckt 10 Min. ruhen lassen. Die Stärke in einer Tasse mit 3–5 EL kaltem Wasser anrühren. In die kochende Sauce einrühren und 2–3 Min. weiterkochen lassen, bis die Sauce bindet. Mit Pfeffer und evtl. wenig Salz abschmecken.

6 Den Braten quer zur Faser in Scheiben schneiden, 3 Min. in die Sauce legen und zugedeckt durchziehen lassen. Mit der Polenta und der Sauce auf vorgewärmten Tellern anrichten.

Die schmackhafte Schmorsauce entsteht nur bei ganz langsamem Schmoren bei sehr schwacher Hitze. Für einen Niedrigtemperatur-Rinderbraten brauchen Sie bestes marmoriertes Fleisch, am besten Roastbeef oder Hochrippe. Fleisch aus der Keule oder der Schulter bleibt beim Garen bei 80° oft recht kompakt. Den Braten wie beschrieben marinieren, anbraten und in einer ofenfesten Form im auf 80° vorgeheizten Ofen (Mitte, keine Umluft) ca. 2 Std. 30 Min. garen, bis das Fleisch eine Kerntemperatur von 60° erreicht hat. Für die Sauce 1 Std. 30 Min. vor Ende der Garzeit die Marinade mit dem Gemüse einkochen. Den Bratensatz samt Speck wieder erhitzen, mit der eingekochten Marinade (ohne Gemüse) und 1/4 l Kalbsfond ablöschen. 1 Std. bei mittlerer Hitze einkochen lassen. Die Sauce wie im Rezept beschrieben binden und abschmecken. Den Braten aus dem Ofen nehmen und den Saft aus der Form unter die Sauce rühren.

Türkische Lammkeule mit Joghurtkruste

1 Lammkeule (mit Knochen, ca. 2,5 kg)
Salz
5 EL Olivenöl
200 g türkischer oder griechischer Joghurt (10 % Fettgehalt)
2 EL Tomatenmark
1 TL rosenscharfes Paprikapulver
1 TL getrockneter Thymian
½ TL gemahlener Kreuzkümmel
Pfeffer
2 Knoblauchzehen
1 kg fest kochende Kartoffeln
400 ml Lammfond (aus dem Glas)
1 Bund Petersilie

Für 6 Personen | ca. 50 Min. Zubereitung
ca. 4 Std. Garzeit
Pro Portion ca. 1035 kcal, 67 g EW, 75 g F, 22 g KH

1 Den Backofen samt Fettpfanne auf 240° vorheizen. Die Lammkeule kalt abwaschen und trocken tupfen. Haut und Fett entfernen, die Keule rundherum salzen. 3 EL Olivenöl in die Fettpfanne geben. Die Keule mit der Knochenseite nach unten hineinlegen und im heißen Ofen (unteres Drittel, Umluft 220°) 30 Min. braten.

2 Die Fettpfanne mit der Keule herausnehmen und mit Alufolie abdecken. Die Ofentemperatur bei geöffneter Backofentür auf 80° absenken. Die Alufolie entfernen, die Keule in der Fettpfanne wieder in den Ofen (unteres Drittel, keine Umluft) schieben und bei 80° ca. 3 Std. garen. Zum Ende der Garzeit das Bratenthermometer in die dickste Stelle der Keule, aber nicht bis zum Knochen stecken und das Fleisch so lange weitergaren, bis eine Kerntemperatur von 55° erreicht ist.

3 1 Std. 15 Min. vor Ende der Garzeit ein Sieb mit Küchenpapier auslegen, den Joghurt hineingeben und 1 Std. abtropfen lassen. Anschließend in eine Schüssel geben. Übriges Olivenöl, Tomatenmark, Paprikapulver, Thymian, Kreuzkümmel und 1 TL frisch gemahlenen schwarzen Pfeffer dazugeben. Den Knoblauch schälen und dazupressen. Alles gut verrühren und mit 1 Prise Salz abschmecken. Die Kartoffeln schälen und längs vierteln. Den Lammfond erhitzen.

4 Die Fettpfanne samt Keule herausnehmen, die Backofentemperatur auf 180° erhöhen. Die Oberfläche der Lammkeule trocken tupfen und mit der Joghurtmasse bestreichen (geht am besten mit den Händen). Die Kartoffeln in der Fettpfanne um die Lammkeule herumverteilen. Den heißen Lammfond angießen. Die Fettpfanne wieder in den heißen Ofen (Mitte, Umluft 160°) schieben und alles in ca. 30 Min. fertig garen.

5 Die Petersilie waschen und trocken schütteln, die Blätter fein schneiden. Die Lammkeule herausheben und 10 Min. zugedeckt ruhen lassen. Die Kartoffeln salzen und mit der Petersilie bestreuen. Das Fleisch in Scheiben vom Knochen schneiden und mit den Kartoffeln servieren. Dazu schmeckt ein leichter Rotwein.

In der Türkei bereitet man die Lammkeule traditionell so vor: An der Keule eine dünne Fettschicht belassen. In einem großen Topf reichlich Wasser aufkochen, kräftig salzen und die Lammkeule darin bei mittlerer Hitze ca. 45 Min. kochen lassen. Dann herausnehmen, trocken tupfen und in einem eingefetteten Bräter, mit der Joghurtmasse bestrichen, 30 Min. bei 180° im Ofen braten. Bei der Kombination aus Garen bei Niedrigtemperatur und Überkrusten bei 180° allerdings wird das Lammfleisch noch zarter und saftiger.

Geschmorter Hirschbraten mit Sahnewirsing

Für den Hirschbraten
1,2 kg Hirschbraten (Keule)
Salz | Pfeffer
5 Wacholderbeeren
120 g Bacon (Frühstücksspeck in dünnen Streifen)
1 Zwiebel | 1 Möhre
1 Stück Knollensellerie
1 dünne Stange Lauch
3 Zweige frischer Thymian
2 EL Butterschmalz
400 ml Wildfond (Rezept S. 15 oder aus dem Glas)
3 EL Aceto balsamico
1–2 EL dunkler Saucenbinder (nach Belieben)
Zucker
Für den Sahnewirsing
1 großer Kopf Wirsing (ca. 1,2 kg)
Salz
2 Zwiebeln
100 g durchwachsener Speck (ohne Schwarte)
1 EL Butterschmalz | 150 g Sahne
Pfeffer | Muskatnuss, frisch gerieben
Außerdem
Küchengarn | Eiswürfel

Für 6 Personen | ca. 1 Std. 10 Min. Zubereitung
ca. 1 Std. 30 Min. Garzeit
Pro Portion ca. 725 kcal, 67 g EW, 26 g F, 50 g KH

1 Den Backofen auf 180° vorheizen. Das Fleisch kalt abwaschen und trocken tupfen, von evtl. vorhandenen Häutchen und Sehnen befreien. 1 TL Salz mit 1 TL frisch gemahlenem Pfeffer und den Wacholderbeeren im Mörser fein zerstoßen und den Braten damit einreiben. Das Fleisch mit dem Bacon umhüllen und mit Küchengarn binden (siehe S. 7).

2 Die Zwiebel schälen und grob hacken. Das Gemüse putzen, waschen und grob würfeln. Den Thymian waschen und trocken schütteln. Einen Bräter erhitzen, das Butterschmalz hineingeben und den Braten darin bei mittlerer Hitze in 6–8 Min. rundherum anbraten, herausheben. Zwiebel und Gemüse im Bratensatz 2–3 Min. unter Rühren anbraten. Thymian und Wildfond dazugeben und aufkochen lassen. Den Braten wieder einlegen und im heißen Ofen (Mitte, Umluft 160°) 1 Std. garen. Dann den Bacon und das Küchengarn entfernen und den Braten 30 Min. weitergaren.

3 Inzwischen vom Wirsing den Strunk keilförmig herausschneiden, die Blätter ablösen, waschen und abtropfen lassen. Die harten Rippen entfernen und die Blätter in 1/2 cm breite Streifen schneiden. In kochendem Salzwasser 4–5 Min. blanchieren. In ein Sieb abgießen und in Eiswasser abschrecken. Wieder ins Sieb geben und sehr gut abtropfen lassen.

4 Die Zwiebeln schälen, längs halbieren und in feine Spalten schneiden. Den Speck klein würfeln. Einen Topf erhitzen, das Butterschmalz hineingeben und Speck und Zwiebeln darin bei mittlerer Hitze 2–3 Min. glasig anbraten. Wirsing und Sahne hinzufügen, aufkochen und 5 Min. kochen lassen. Mit Salz, Pfeffer und Muskat abschmecken. Zugedeckt warm halten.

5 Den Braten herausnehmen und zugedeckt 10 Min. ruhen lassen. Den Bratfond durch ein feines Sieb in einen Topf abgießen, Gemüse, Zwiebel und Thymian gut ausdrücken und wegwerfen. Balsamessig einrühren und die Sauce nach Belieben mit Saucenbinder binden. Mit Salz, Pfeffer und Zucker abschmecken. Den Braten quer zur Faser in Scheiben schneiden. Mit Wirsing und Sauce auf vorgewärmten Tellern anrichten. Dazu schmecken Kartoffelpüree und ein kräftiger Rotwein.

Wenn Sie rosa gebratenes Wild lieben, bereiten Sie den Hirschbraten bei Niedrigtemperatur zu (Voraussetzung ist hygienisch einwandfreies Fleisch aus einer verlässlichen Quelle!): Den Ofen samt ofenfester Form auf 80° vorheizen. Den Braten (ohne Bacon) im Butterschmalz anbraten, in die Form setzen und im Ofen (Mitte, keine Umluft) ca. 4 Std. 30 Min. garen, bis er eine Kerntemperatur von 60° erreicht hat. 2 Std. vor Ende der Garzeit die Sauce im Bratensatz nach dem Rezept für Wacholderrahmsauce auf Seite 17 zubereiten, dabei allerdings nur 5 Wacholderbeeren nehmen und das Johannisbeergelee durch 3 EL Aceto balsamico ersetzen.

Rehkeule mit Pfefferkirschen und Serviettenknödel

Für die Rehkeule
1 Rehkeule (ohne Knochen, ca. 1,5 kg)
Salz | Pfeffer
3 EL neutrales Pflanzenöl | 50 g Butter
¼ l Wildfond (Rezept S. 15 oder aus dem Glas)
Für die Serviettenknödel
8 altbackene Brötchen (ca. 400 g)
400 ml Milch | 3 Eier | 2 Schalotten
½ Bund Petersilie | 2 EL Butter
3 EL Semmelbrösel
Salz | Pfeffer
Muskatnuss, frisch gerieben
Für die Pfefferkirschen
1 Glas Schattenmorellen (425 g Abtropfgewicht)
Schale von ½ Bio-Orange
2 TL Szechuan-Pfeffer
100 ml trockener Rotwein
1 EL Puderzucker
Außerdem
Küchengarn | Stoffserviette (Leinen oder Baumwolle)

Für 6 Personen | ca. 1 Std. 30 Min. Zubereitung
ca. 5 Std. Garzeit
Pro Portion ca. 735 kcal, 67 g EW, 26 g F, 50 g KH

1 Den Ofen samt ofenfester Form auf 80° vorheizen. Das Fleisch kalt abwaschen, trocken tupfen, von Sehnen und Häutchen befreien. Salzen und pfeffern und mit Küchengarn zu einer Rolle binden (siehe S. 7). Eine Pfanne erhitzen, das Öl hineingeben und die Keule darin bei mittlerer Hitze in 8–10 Min. rundherum anbraten. In die Form umsetzen und ca. 5 Std. im Ofen (Mitte, keine Umluft) garen, bis sie eine Kerntemperatur von 60° erreicht hat. Die Pfanne nicht ausspülen. Die Butter würfeln und ins Tiefkühlfach geben.

2 1 Std. 15 Min. vor Ende der Garzeit die Brötchen ca. 1 cm groß würfeln. Die Hälfte davon in einer Pfanne ohne Fett rösten, mit den übrigen Brötchenwürfeln in eine Schüssel geben. Milch und Eier verquirlen und darübergießen. Schalotten schälen und fein hacken. Petersilie waschen und trocken schütteln, die Blätter fein schneiden. Butter in einem Pfännchen schmelzen, Schalotte und Petersilie darin 2–3 Min. dünsten, zu den Brötchen geben. Semmelbrösel dazugeben, alles locker vermengen. Mit Salz, Pfeffer und Muskat abschmecken.

3 In einem weiten Topf reichlich Wasser erhitzen. Die Serviette befeuchten. Die Knödelmasse darauf längs verteilen, zu einer ca. 8 cm dicken Rolle formen und in die Serviette einrollen, Enden mit Küchengarn zubinden. Wenn das Wasser kocht, salzen und die Rolle einlegen. Den Knödel bei schwacher Hitze in ca. 30 Min. gar ziehen lassen.

4 Die Kirschen in einem Sieb gut abtropfen lassen. Die Orange heiß waschen, die Hälfte der Schale in Stücken (ohne die bittere weiße Haut) mit dem Sparschäler abschälen. Den Szechuan-Pfeffer im Mörser grob zerstoßen. Die Kirschen mit der Orangenschale, Szechuan-Pfeffer, Wein und Puderzucker in einem Topf aufkochen und 10 Min. bei schwacher Hitze kochen lassen.

5 Den Bratensatz in der Pfanne erhitzen, mit dem Fond ablöschen und 5–6 Min. bei starker Hitze einkochen lassen. Die Kirschen mit dem Wein (ohne Orangenschale) dazugeben. Die eiskalte Butter unterziehen, bis eine leichte Bindung entsteht, mit Salz und Pfeffer abschmecken. Den Knödel herausheben, auswickeln und in Scheiben schneiden. Die Keule herausnehmen und ebenfalls in Scheiben schneiden. Mit den Kirschen samt Sauce auf vorgewärmten Tellern anrichten. Dazu schmeckt ein kräftiger Rotwein.

Wenn Sie die ausgelöste Rehkeule bei 180° im Ofen garen möchten, braten Sie sie in einem Bräter rundherum an, gießen 400 ml Wildfond an und lassen sie ca. 1 Std. 30 Min. zugedeckt im Ofen (Mitte, Umluft 160°) schmoren. Dann herausheben und 10 Min. ruhen lassen. Den Schmorfond bei starker Hitze einkochen lassen, die Pfefferkirschen untermischen und die Sauce mit eiskalter Butter binden.

Putenbraten mit Chili-Honig-Glasur

1,2 kg Putenbrust
Salz
Cayennepfeffer
2 Zwiebeln
4 EL neutrales Pflanzenöl
400 ml Geflügelfond (Rezept S. 15 oder aus dem Glas)
1 große rote Chilischote
2 EL Honig
1–2 EL Limettensaft

Für 6 Personen | ca. 30 Min. Zubereitung
ca. 1 Std. 30 Min. Garzeit
Pro Portion ca. 295 kcal, 49 g EW, 9 g F, 5 g KH

1 Den Backofen auf 180° vorheizen. Die Putenbrust kalt abwaschen, trocken tupfen und mit Salz und Cayennepfeffer einreiben. Die Zwiebeln schälen, längs halbieren und in Spalten schneiden.

2 Einen Bräter erhitzen, 2 EL Öl hineingeben und den Braten darin bei mittlerer Hitze in 7–8 Min. rundherum anbraten. Die Zwiebeln dazugeben und die Hälfte des Fonds angießen. Den Bräter in den heißen Backofen (Mitte, Umluft 160°) schieben und den Braten darin zugedeckt 45 Min. garen.

3 Inzwischen die Chilischote waschen, längs aufschneiden, entkernen und fein hacken. Mit dem Honig und dem übrigen Öl verrühren. Den Putenbraten wenden, mit der Chili-Honig-Mischung einpinseln und den übrigen Fond angießen. Offen 45 Min. weitergaren, dabei noch dreimal wenden und jeweils mit der übrigen Chili-Honig-Mischung einpinseln.

4 Um zu sehen, ob der Braten fertig ist, in der Mitte mit dem Daumen eindrücken: Fühlt sich fest an und lässt sich kaum eindrücken? Dann den Braten auf eine vorgewärmte Platte herausheben und zugedeckt 10 Min. ruhen lassen (sonst noch 5–10 Min. weiterbraten).

5 Den Bratfond samt Zwiebeln in ein hohes Rührgefäß füllen, fein pürieren und mit Salz und Limettensaft abschmecken. Den Braten in Scheiben schneiden und mit der Sauce auf vorgewärmten Tellern anrichten. Dazu schmecken Romanesco und Pastinakenpüree (Rezepte S. 30 und 51) sowie ein leichter Rotwein.

Und so bereiten Sie den Putenbraten bei Niedrigtemperatur zu: Den Backofen samt ofenfester Form auf 80° vorheizen. Die Chili-Honig-Mischung vorbereiten. Den gewürzten Braten im Bräter in 7–8 Min. von allen Seiten anbraten und in die Form umsetzen, mit der Chili-Honig-Mischung einpinseln (den Bräter nicht ausspülen). Im Backofen (Mitte, keine Umluft) ca. 4–5 Std. garen, bis er eine Kerntemperatur von 70° erreicht hat. Den Braten jede Std. wenden und mit der Chili-Honig-Mischung einpinseln. Ca. 30 Min. vor Ende der Garzeit 4 Schalotten schälen und fein hacken, 1 weitere große rote Chilischote waschen, längs aufschneiden und fein hacken. Den Bratensatz im Bräter wieder erhitzen, Schalotten und Chili darin 1 Min. unter Rühren anbraten. Mit dem Fond ablöschen und 20 Min. einkochen lassen. Vor dem Servieren pürieren und mit Salz, Honig und Limettensaft abschmecken. Wenn der Braten fertig ist, ein letztes Mal mit der Chili-Honig-Mischung einpinseln und den Backofengrill zuschalten. In 4–5 Min. goldbraun grillen, dabei darauf achten, dass die Glasur nicht verbrennt. Den Braten herausnehmen, in Scheiben schneiden und mit der Sauce servieren.

FAZIT Bei Niedrigtemperatur wird der Braten besonders saftig. Allerdings brauchen Sie dazu bestes frisches Putenfleisch aus einer sehr verlässlichen Quelle. Da es nur bis zu einer Kerntemperatur von 70° gegart wird, werden eventuelle Keime nicht abgetötet. Herkömmlich gebraten wird das Fleisch etwas fester, eignet sich aber auch gut als kalter Braten für Sandwiches.

Weihnachtsgans mit Blaukraut und Knödeln

Für die Gans
1 Gans (ca. 4 kg, keine TK-Ware)
Salz | Pfeffer
2 Zwiebeln
2 säuerliche Äpfel | 1 Bund Beifuß
¼ l Entenfond (aus dem Glas)
1–2 EL dunkler Saucenbinder (nach Belieben)
Für die Beilagen
1,2 kg mehlig kochende Kartoffeln
1 Kopf Blaukraut (ca. 1,2 kg)
Salz | 1 Zwiebel
1 säuerlicher Apfel
2 EL Butterschmalz
¼ l roter Johannisbeersaft
2 Lorbeerblätter | 1 Zimtstange
3 Gewürznelken | Pfeffer
2 Eier | 1 Eigelb | ca. 5 EL Kartoffelstärke
Außerdem
Holzspießchen | Küchengarn
Kartoffelpresse | Geschirrtuch

Für 6 Personen | ca. 2 Std. Zubereitung
ca. 8 Std. Garzeit
Pro Portion ca. 1970 kcal, 85 g EW, 160 g F, 47 g KH

1 Den Backofen auf 220° vorheizen. Die Gans innen und außen waschen und trocken tupfen, den Bürzel und die Flügelspitzen entfernen. Die Gans innen und außen salzen und pfeffern. Die Zwiebeln schälen, die Äpfel waschen, beides in grobe Stücke schneiden. Den Beifuß waschen und trocken schütteln. Zwiebeln, Äpfel und Beifuß in den Gänsebauch füllen, die Öffnung quer mit Holzspießchen zustecken, das Küchengarn kreuzweise darum herumbinden (siehe S. 7).

2 Die Gans mit der Brust nach unten in die Fettpfanne setzen und im Backofen (unteres Drittel, Umluft 200°) 30 Min. braten. Wenden und weitere 30 Min. braten. Dann die Ofentemperatur bei geöffneter Ofentür auf 80° senken. Die Gans bei 80° (keine Umluft) ca. 7 Std. garen. Zum Ende der Garzeit das Bratenthermometer in die Brust, aber nicht bis zum Knochen stecken und die Gans bis zu einer Kerntemperatur von 70° weiterbraten.

3 2 Std. vor Ende der Garzeit 400 g Kartoffeln waschen, in einem Topf mit Wasser bedecken, aufkochen und ca. 25 Min. kochen lassen. Abgießen, ausdampfen lassen, pellen und durch die Kartoffelpresse drücken.

4 Das Blaukraut putzen, den Strunk entfernen und das Kraut in feine Streifen hobeln. In einer Schüssel mit 1 TL Salz mischen. Die Zwiebel schälen und fein hacken. Den Apfel schälen und ohne Kerngehäuse klein würfeln. Butterschmalz in einem Schmortopf erhitzen, Zwiebel und Apfel darin unter Rühren 2 Min. anbraten. Blaukraut dazugeben, 2 Min. mitbraten. Johannisbeersaft und Gewürze unterrühren, alles zugedeckt mind. 30 Min. bei mittlerer Hitze schmoren lassen, ab und zu umrühren. Mit Salz und Pfeffer abschmecken.

5 In einem Topf reichlich Wasser für die Knödel erhitzen. Übrige Kartoffeln schälen, fein reiben und in das Geschirrtuch geben. Das Tuch fest zusammendrehen, so dass alle Flüssigkeit herausgepresst wird. Gekochte und rohe Kartoffeln in einer Schüssel mit 1 TL Salz, den Eiern und dem Eigelb gut verkneten. Nach und nach so viel Kartoffelstärke unterkneten, dass ein gut formbarer Teig entsteht. Sobald das Knödelwasser kocht, kräftig salzen. Aus dem Teig zwölf Knödel formen und darin bei schwacher Hitze in ca. 20 Min. gar ziehen lassen.

6 Die Gans herausnehmen. Die Ofentemperatur auf 220° erhöhen und den Grill zuschalten. Den Entenfond in die heiße Fettpfanne gießen und den Bratensatz damit lösen (vorher evtl. Fett abschöpfen), durch ein feines Sieb in einen Topf abgießen. Aufkochen lassen, nach Belieben mit dem Saucenbinder binden und abschmecken. Die Gans tranchieren, die Füllung entfernen. Die Stücke mit der Hautseite nach oben in die Fettpfanne legen und im Ofen (oben) in 5–6 Min. knusprig braun grillen. Mit Blaukraut, Knödeln und Sauce auf vorgewärmten Tellern anrichten. Dazu schmeckt Bier oder ein kräftiger Rotwein.

Wenn Sie die Gans klassisch zubereiten möchten, braten Sie sie 45 Min. bei 220° im Ofen an und garen sie anschließend in ca. 2 Std. 30 Min. bei 180° fertig.

GROSSE BRATEN FÜR ACHT BIS ZWÖLF

Wieder mal Lust auf ein Festmahl? Mit diesen köstlichen Riesenbraten machen Sie eine Großfamilie oder die große Freundesrunde glücklich.

Kreolischer Schweinenackenbraten mit Mango-Salsa

Für den Schweinenackenbraten
4 Knoblauchzehen
2 TL Kreuzkümmelkörner
2 getrocknete Lorbeerblätter
1 TL Sambal oelek
1 ½ EL getrockneter Oregano
2 EL Limettensaft
5 EL neutrales Pflanzenöl
2,5 kg magerer Schweinenacken (ohne Schwarte)
Salz
Für die Salsa
3 Strauchtomaten | 1 Bund Frühlingszwiebeln
2 große rote Chilischoten
3 reife Mangos | Saft von 1 Limette
Salz | Zucker
4 EL neutrales Pflanzenöl
1 Bund Koriandergrün

Für 10 Personen | ca. 45 Min. Zubereitung
2 Std. Marinieren | ca. 5 Std. 30 Min. Garzeit
Pro Portion ca. 620 kcal, 43 g EW, 44 g F, 12 g KH

1 Für die Würzmischung den Knoblauch schälen und hacken. Mit dem Kreuzkümmel und den Lorbeerblättern im Mörser fein zerstoßen. Sambal oelek, Oregano, Limettensaft und 2 EL Öl unterrühren. Das Fleisch von Fett und Häutchen befreien und mit der Würzmischung einreiben. Bei Zimmertemperatur 2 Std. zugedeckt durchziehen lassen.

2 Den Backofen samt Fettpfanne auf 240° vorheizen. Das Fleisch trocken tupfen und rundherum kräftig salzen. Das übrige Öl in die Fettpfanne geben, den Braten hineinlegen und im heißen Ofen (unteres Drittel, Umluft 220°) von jeder Seite 15 Min. anbraten. Die Fettpfanne mit dem Braten aus dem Ofen nehmen, das Fleisch mit Alufolie abdecken. Die Ofentemperatur bei geöffneter Backofentür auf 80° absenken. Die Folie entfernen, die Fettpfanne wieder in den Ofen (unteres Drittel, keine Umluft) schieben und das Fleisch bei 80° ca. 5 Std. garen, bis es eine Kerntemperatur von 65° erreicht hat.

3 30 Min. vor Ende der Garzeit die Tomaten für die Salsa waschen, quer halbieren, entkernen und ohne Stielansätze in feine Würfelchen schneiden. Die Frühlingszwiebeln putzen, waschen und in feine Ringe schneiden. Die Chilis waschen, längs aufschneiden, entkernen und in feine Streifen schneiden. Die Mangos schälen, das Fruchtfleisch vom Kern und in 1/2 cm große Würfel schneiden. Den Limettensaft mit je 1/2 TL Salz und Zucker in einer Schüssel verrühren, das Öl unterschlagen. Tomaten, Frühlingszwiebeln, Chilis und Mangos unterrühren. Das Koriandergrün waschen und trocken schütteln, die Blätter abzupfen, grob hacken und ebenfalls unterrühren (siehe Tipps).

4 Den Schweinebraten herausnehmen und in Scheiben schneiden. Mit der Salsa auf vorgewärmten Tellern anrichten. Dazu schmecken Baguette und Bier.

Bei Niedrigtemperatur gegart bleibt der Braten herrlich saftig, das Fleisch weich. Wenn Sie durchgebratenes Schweinefleisch bevorzugen, bereiten Sie den Braten bei 180° zu: Dafür den Backofen auf 200° vorheizen. Einen flachen Bräter erhitzen, 2 EL Öl hineingeben und den Schweinenacken darin bei mittlerer Hitze in 8–10 Min. rundherum anbraten. 2 gehackte Zwiebeln dazugeben und kurz mitbraten. Mit 400 ml Wasser ablöschen und das Fleisch 1 Std. im Ofen (unteres Drittel, Umluft 180°) braten. Den Braten wenden, die Ofenhitze auf 180° (Umluft 160°) reduzieren und das Fleisch ca. 1 Std. 30 Min. weiterbraten. Bei Bedarf noch etwas Wasser angießen. Vor dem Servieren 10 Min. zugedeckt ruhen lassen, den Bratensaft durch ein Sieb abgießen und abschmecken.

TIPPS Den kreolischen Schweinebraten können Sie auch sehr gut kalt servieren. Das Koriandergrün ist nicht jedermanns Sache. Sind Sie nicht sicher, dass alle Ihre Gäste Koriander mögen, reichen Sie ihn separat in einem Schälchen. So kann jeder seine Salsa damit selber würzen.

Schweinelende mit Orangen-Senf-Sauce

2,4 kg Schweinelende (ausgelöstes Kotelettstück mit Fettschicht)
1 Stück frischer Ingwer (ca. 5 cm)
4 Orangen, davon 1 Bio-Orange
Pfeffer
8 EL körniger Dijon-Senf
8 EL brauner Zucker (120 g)
Salz
2 EL Butterschmalz
400 ml Gemüsefond (aus dem Glas)
2 EL Orangenmarmelade
150 g Crème fraîche

Für 12 Personen | ca. 35 Min. Zubereitung
1 Std. Marinieren | ca. 1 Std. 30 Min. Garzeit
Pro Portion ca. 440 kcal, 42 g EW, 18 g F, 16 g KH

1 Die Haut der Schweinelende mit einigen Schnitten versehen, damit die Marinade besser eindringen kann. Den Ingwer schälen und fein reiben. Die Bio-Orange heiß waschen, die Schale mit dem Zestenreißer in feinen Streifen abziehen. Die Bio-Orange und die übrigen Orangen auspressen, den Saft beiseitestellen. Ingwer und Orangenzesten mit 1 TL frisch gemahlenem schwarzem Pfeffer, 2 EL Senf und 2 EL Zucker verrühren und den Braten damit einreiben. Bei Zimmertemperatur zugedeckt 1 Std. durchziehen lassen.

2 Die Schweinelende trocken tupfen und rundherum kräftig salzen. Einen großen Bräter erhitzen, das Butterschmalz hineingeben und den Braten darin bei mittlerer Hitze in 8–10 Min. rundherum anbraten (die Hitze gut dosieren, damit der Zucker zwar karamellisiert, aber nicht schwarz und bitter wird!). Mit der Hälfte des Orangensafts und der Hälfte des Gemüsefonds ablöschen, den übrigen Zucker und den übrigen Senf einrühren. Den Braten zugedeckt bei mittlerer Hitze 45 Min. schmoren lassen. Den Braten wenden, den übrigen Orangensaft und Gemüsefond angießen und ca. 45 Min zugedeckt weitergaren.

3 Den Braten herausheben und in Alufolie gewickelt 10 Min. ruhen lassen. Inzwischen die Sauce im Bräter aufkochen, Orangenmarmelade und Crème fraîche einrühren und bei starker Hitze 8–10 Min. einkochen lassen. Mit Salz und Pfeffer abschmecken. Den Braten in Scheiben schneiden und mit der Orangen-Senf-Sauce auf vorgewärmten Tellern anrichten. Dazu schmecken Brokkoli und Kartoffelgratin sowie ein leichter Rotwein.

Wenn Sie die Schweinelende bei Niedrigtemperatur zubereiten möchten, entfernen Sie Haut und Fettschicht von einem ca. 2,8 kg schweren Stück. Die Abschnitte für die Sauce aufbewahren. Lassen Sie sich von Ihrem Metzger außerdem einige der Knochen (klein gehackt) einpacken. Den Ofen samt ofenfester Form (wenn Sie keine ausreichend große haben, tut es auch eine hitzebeständige Platte) auf 80° vorheizen. Den marinierten Braten im Bräter anbraten, in die Form umsetzen und im Ofen (Mitte, keine Umluft) 3 Std.–3 Std. 30 Min. garen, bis er eine Kerntemperatur von 65° erreicht hat. Für die Sauce 1 weiteren EL Butterschmalz im Bratensatz erhitzen und die Knochen und Abschnitte darin unter Rühren bei mittlerer Hitze goldbraun anrösten. 1 gehackte Zwiebel und etwas grob gehacktes Röstgemüse (1 Möhre, 1 Stück Knollensellerie und 1 dünne Stange Lauch) dazugeben und 2 Min. mitbraten. Mit 1 l Wasser aufgießen und bei schwacher Hitze 2 Std. kochen lassen. Durch ein Sieb in einen Topf abgießen. Orangensaft, übrigen Senf und Zucker hinzufügen und alles 1 Std. köcheln lassen. 10 Min. vor dem Servieren Orangenmarmelade und Crème fraîche einrühren. Die Sauce bei starker Hitze einkochen lassen. Mit Salz und Pfeffer abschmecken. Den Braten herausnehmen, den Saft aus der Form zur Sauce geben. Die Schweinelende aufschneiden und mit der Sauce servieren.

FAZIT Geschmort werden Fleisch und Sauce besonders aromatisch, das Fleisch ist richtig durchgebraten und fest von der Konsistenz. Bei Niedrigtemperatur bleibt das Fleisch saftiger und weicher. Wählen Sie selbst!

Kalbsbraten mit Safran-Fenchel

Für den Kalbsbraten
2 Knoblauchzehen | 4 Schalotten
2 Zweige frischer Rosmarin
1,6 kg Kalbsbraten (Nuss)
Salz | Pfeffer
3 EL neutrales Pflanzenöl
1/4 l trockener Weißwein
1/2 l Kalbsfond (Rezept S. 14 oder aus dem Glas)
1–2 EL heller Saucenbinder (nach Belieben)
Für den Fenchel
4 EL Orangensaft | 20 Safranfäden
80 g weiche Butter
Salz | Cayennepfeffer
2 EL neutrales Pflanzenöl
1,2 kg junge Fenchelknollen
50 g Pinienkerne

Für 8 Personen | ca. 50 Min. Zubereitung
ca. 2 Std. Garzeit
Pro Portion ca. 420 kcal, 47 g EW, 22 g F, 9 g KH

1 Den Knoblauch und die Schalotten schälen und fein hacken, die Rosmarinzweige waschen und trocken schütteln. Den Kalbsbraten trocken tupfen, rundherum salzen und pfeffern.

2 Einen Schmortopf erhitzen, das Öl hineingeben und den Braten darin bei mittlerer Hitze in 8–10 Min. von allen Seiten anbraten. Kurz herausheben, Schalotten und Knoblauch hineingeben, 1 Min. unter Rühren anbraten und mit dem Weißwein ablöschen. 2 Min. bei starker Hitze einkochen lassen. Den Braten wieder einlegen, den Fond angießen, die Rosmarinzweige dazulegen und den Kalbsbraten bei mittlerer Hitze 1 Std. zugedeckt schmoren lassen.

3 Inzwischen für den Fenchel den Orangensaft in einem Pfännchen erhitzen, den Safran darin auflösen. Die Butter mit je 1/4 TL Salz und Cayennepfeffer mit dem Handrührgerät aufschlagen, die Safranlösung nach und nach unterrühren. In den Kühlschrank stellen.

4 Den Kalbsbraten wenden und ca. 1 weitere Std. zugedeckt garen. Den Backofen auf 200° vorheizen. Die Fettpfanne mit Öl ausreiben. Den Fenchel waschen und putzen. Die Knollen längs halbieren, bei größeren den Strunk herausschneiden und die Hälften längs in 3 mm dicke Spalten schneiden. In der Fettpfanne verteilen und salzen. Die Fettpfanne in den heißen Backofen (Mitte, Umluft 180°) schieben und den Fenchel darin 20 Min. braten. Den Fenchel wenden, die Pinienkerne darüberstreuen und die Safranbutter in Flöckchen darüber verteilen. Ca. 25 Min. weiterbraten, dabei den Fenchel noch einmal wenden.

5 Den Braten herausheben und zugedeckt 10 Min. ruhen lassen. Die Rosmarinzweige aus der Sauce entfernen. Die Sauce aufkochen lassen und nach Belieben mit Saucenbinder binden. Den Braten quer zur Faser in Scheiben schneiden und mit der Sauce und dem Fenchel auf vorgewärmten Tellern anrichten. Dazu schmecken Risotto und ein trockener Weißwein.

Wenn Sie den Kalbsbraten bei Niedrigtemperatur zubereiten möchten, heizen Sie den Backofen samt einer ofenfesten Form auf 80° vor. Den Braten bei mittlerer Hitze in 8–10 Min. rundherum anbraten, in die Form umsetzen und im Ofen (Mitte, keine Umluft) ca. 4 Std. garen, bis er eine Kerntemperatur von 60° erreicht hat. 1 Std. vor Ende der Garzeit für die Sauce den Bratensatz wieder erhitzen, Schalotten und Knoblauch darin anbraten. Mit Weißwein und Kalbsfond ablöschen, 30 Min. bei starker Hitze einkochen lassen. Den Rosmarin hinzufügen und die Sauce weitere 20 Min. bei schwacher Hitze ziehen lassen. Inzwischen den Fenchel in zwei Pfannen in je 1 EL Öl anbraten, bei schwacher Hitze 5 Min. zugedeckt dünsten. Dann die Pinienkerne und die Safranbutter dazugeben und bei mittlerer Hitze unter regelmäßigem Wenden 10–12 Min. braten. Die Rosmarinzweige aus der Sauce entfernen und die Sauce binden. Den Kalbsbraten aus dem Ofen nehmen, den Saft aus der Form unter die Sauce rühren, mit Salz und Pfeffer abschmecken.

Roastbeef mit Zucchinigratin

Für das Zucchinigratin
1,5 kg Zucchini
3 Bund Frühlingszwiebeln
3 mehlig kochende Kartoffeln (ca. 250 g)
Salz | Pfeffer
Muskatnuss, frisch gerieben
etwas Butter für die Form
300 g Schafkäse
400 g Sahne
3 EL Pinienkerne
Für das Rostbeef
2 kg Roastbeef (mit dünner Fettschicht)
Salz | Pfeffer
1 TL mittelscharfer Senf
3 EL neutrales Pflanzenöl

Für 8 Personen | ca. 1 Std. Zubereitung
ca. 45 Min. Garzeit
Pro Portion ca. 690 kcal, 68 g EW, 42 g F, 11 g KH

1 Die Zucchini waschen und in streichholzförmige Stifte (Julienne) schneiden oder hobeln. Die Frühlingszwiebeln putzen, waschen und fein schneiden. Die Kartoffeln schälen und grob raspeln. Alles in einer Schüssel vermengen und mit Salz, Pfeffer und Muskatnuss würzen. Eine große Auflaufform (oder acht kleine Förmchen) ausbuttern und die Zucchinimasse einfüllen. Den Schafkäse darüberbröckeln, die Sahne gleichmäßig darübergießen und die Pinienkerne darüberstreuen.

2 Den Backofen auf 160° (Umluft) vorheizen, jeweils ein Gitter (oder Blech) im unteren und oberen Drittel einschieben. Das Roastbeef trocken tupfen, an der Fleischseite von Haut und Sehnen befreien, die Fettschicht rautenförmig einschneiden (Vorsicht, nicht bis ins Fleisch schneiden!). Rundherum salzen, nur an der Fleischseite pfeffern und mit dem Senf einreiben.

3 Einen flachen Bräter erhitzen, das Öl hineingeben und das Rostbeef auf der Seite mit der Fettschicht bei mittlerer Hitze in 5–6 Min. goldbraun anbraten. Das Roastbeef wenden. Den Bräter auf das untere und die Auflaufform mit dem Zucchinigratin auf das obere Gitter in den heißen Backofen schieben. Das Roastbeef darin 35–45 Min. braten, bis das Fleisch die gewünschte Kerntemperatur erreicht hat (siehe Info). Das Zucchinigratin ist nach ca. 40 Min. (die kleinen Förmchen nach ca. 25 Min.) fertig.

4 Wenn die gewünschte Kerntemperatur erreicht ist, das Roastbeef herausnehmen und vor dem Anschneiden 10 Min. in Alufolie gewickelt ruhen lassen. Das Fleisch quer zur Faser in ca. 1/2 cm dicke Scheiben schneiden und mit etwas Bratensaft auf vorgewärmte Teller geben. Das Zucchinigratin mit einem Pfannenwender portionieren und daneben anrichten. Dazu schmeckt ein leichter Rotwein oder Bier.

Für bei Niedrigtemperatur zubereitetes Roastbeef den Backofen samt einer ofenfesten Form auf 80° vorheizen. Das Roastbeef von der Fettschicht befreien, rundherum salzen, pfeffern und mit 1 TL Senf einreiben. In 3 EL Öl in ca. 10 Min. rundherum anbraten, in die Form umsetzen und im Ofen (Mitte, keine Umluft) je nach gewünschtem Gargrad 2 Std. 30 Min–3 Std. garen. Das Zucchinigratin ersetzen Sie dann durch Röstkartoffeln (Rezept S. 83), die Sie auf dem Herd zubereiten können.

INFO **Bei einer Kerntemperatur von 55° bis 60° ist das Fleisch medium, also durch und durch rosa. Wer Roastbeef lieber durchgebraten mit nur winzigem rosa Kern isst, lässt es etwas länger (je nach Dicke des Fleisches) im Ofen bis zu einer Kerntemperatur von 70°.**

TIPP **Roastbeef schmeckt natürlich auch kalt. Wickeln Sie es abgekühlt fest in Alufolie und schneiden Sie es, am besten mit einer Aufschnittmaschine, in dünne Scheiben. Dazu schmeckt eine fruchtige Remouladensauce: Für 4–5 Portionen hacken bzw. schneiden Sie 2 hart gekochte Eier, 1 kleinen säuerlichen Apfel (geschält und vom Kerngehäuse befreit) und 2–3 kleine Gewürzgurken in feine Würfelchen. 200 g Salatmayonnaise mit 1 EL mittelscharfem Senf und 1 EL Zitronensaft in einer Schüssel verrühren und die vorbereiteten Zutaten untermischen. Mit Salz, Pfeffer und 1 Prise Zucker abschmecken und nach Belieben 2 EL Schnittlauchröllchen unterrühren.**

Lammkeule mit Artischocken und Kirschtomaten

Für die Lammkeule
2 Knoblauchzehen
2 Zweige frischer Rosmarin
1 EL roter Pfeffer | 4 EL Olivenöl
1 Lammkeule (mit Knochen, ca. 2,5 kg)
Salz
Für das Gemüse
600 g Kirschtomaten
2 junge Knoblauchknollen
1 Zweig frischer Rosmarin
2–3 Zweige frischer Thymian
5 EL Olivenöl | Salz
12 junge Artischocken
einige Zitronenscheiben
Zucker | Pfeffer

Für 8 Personen | 1 Std. Zubereitung
3 Std. 30 Min. Garzeit
Pro Portion ca. 725 kcal, 46 g Eiweiß, 55 g F, 9 g KH

1 Den Backofen samt Fettpfanne auf 240° vorheizen. Den Knoblauch schälen und durchpressen. Den Rosmarin waschen und trocken schütteln, die Nadeln abstreifen und fein hacken. Den roten Pfeffer im Mörser fein zerstoßen. Alles mit 2 EL Olivenöl verrühren. Die Lammkeule von Häutchen und Sehnen befreien, kräftig salzen und mit dem Würzöl einreiben. Das übrige Öl in die Fettpfanne geben, die Keule mit der Knochenseite nach unten hineinlegen und im heißen Ofen (unteres Drittel, Umluft 220°) 30 Min. anbraten.

2 Die Fettpfanne mit der Lammkeule aus dem Ofen nehmen, das Fleisch mit Alufolie abdecken. Die Ofentemperatur bei geöffneter Backofentür auf 100° absenken. Die Alufolie entfernen, die Keule in der Fettpfanne wieder in den Ofen (unteres Drittel, keine Umluft) schieben und bei 100° ca. 3 Std. garen. Zum Ende der Garzeit das Bratenthermometer in die dickste Stelle der Lammkeule, aber nicht bis zum Knochen stecken und das Fleisch so lange weitergaren, bis es eine Kerntemperatur von 60° erreicht hat.

3 Inzwischen die Kirschtomaten waschen. Die Knoblauchzehen ablösen, nicht schälen. Die Kräuterzweige waschen und trocken schütteln. Eine ofenfeste Form (in der die Tomaten möglichst nebeneinander Platz haben) mit Öl ausstreichen, die Kräuterzweige und die Tomaten hineingeben, die Knoblauchzehen dazwischen verteilen. Alles leicht salzen und mit 2 EL Öl beträufeln. Die Form auf den Backofenboden stellen und die Tomaten darin in 2 Std. 30 Min. langsam gar ziehen lassen.

4 30 Min. bevor die Keule fertig ist, die Artischocken putzen und vierteln. Sofort in Wasser mit Zitronenscheiben legen, damit sie nicht braun werden. Eine Pfanne erhitzen und das übrige Öl hineingeben. Die Artischocken trocken tupfen, darin 2 Min. bei mittlerer Hitze unter Rühren anbraten und in 6–7 Min. zugedeckt weich dünsten. Mit Salz, 1 Prise Zucker und Pfeffer würzen.

5 Das Fleisch herausnehmen und in Scheiben vom Knochen schneiden. Mit Artischocken, Kirschtomaten und Knoblauch servieren. Dazu schmecken knuspriges Ciabatta (das weiche Knoblauchfleisch lässt sich gut aus den Häutchen auf das Brot drücken und schmeckt ganz mild und süß) und ein leichter Rotwein.

Wenn Sie die Lammkeule bei 200° im Backofen braten möchten, geben Sie die gewürzte Keule mit der Knochenseite nach oben in die Fettpfanne und gießen 1/8 l Wasser an. Die Keule im vorgeheizten Ofen (unteres Drittel, Umluft 180°) 30 Min. braten, dann wenden und 1 Std.–1 Std. 30 Min. weiterbraten (evtl. noch etwas Wasser angießen).
Die Kirschtomaten können Sie schon in den Vortagen im Backofen bei 100° zubereiten, abgekühlt mit frischen Kräuterzweigen in ein Schraubglas schichten und mit gutem Olivenöl bedecken. Sie halten kühl gelagert 4–5 Tage und schmecken auch prima zu Antipasti und kaltem Braten.

Wildschweinbraten mit Maronenpüree

Für den Wildschweinbraten
4 Knoblauchzehen
10 Wacholderbeeren
1 TL getrockneter Thymian
Pfeffer
5 EL Olivenöl
2 kg Wildschweinbraten (Schulter oder Keule)
Salz
1 Zwiebel | 1 Möhre
1 Stück Knollensellerie | 1 dünne Stange Lauch
¼ l trockener Rotwein
2–3 Zweige frischer Thymian
1 Lorbeerblatt
800 ml Wildfond (Rezept S. 15 oder aus dem Glas)
100 g Sahne
2 EL Johannisbeergelee
3 EL Gin (nach Belieben)
Für das Maronenpüree
500 g vorgegarte Maronen (vakuumverpackt)
350 ml Milch | 100 g Sahne
Salz | Pfeffer
Muskatnuss, frisch gerieben

Für 10 Personen | ca. 50 Min. Zubereitung
1 Std. Marinieren | ca. 4 Std. 30 Min. Garzeit
Pro Portion ca. 570 kcal, 43 g EW, 32 g F, 23 g KH

1 2 Knoblauchzehen schälen und hacken. Mit den Wacholderbeeren, dem Thymian und 1 TL frisch gemahlenem schwarzen Pfeffer im Mörser fein zerstoßen. 1 EL Öl unterrühren. Das Fleisch kalt abwaschen, trocken tupfen, von Häutchen und Sehnen befreien und mit der Würzmischung einreiben. Bei Zimmertemperatur 1 Std. zugedeckt durchziehen lassen.

2 Den Backofen samt Fettpfanne auf 240° vorheizen. Den Braten rundherum kräftig salzen. 2 EL Öl in die Fettpfanne geben, den Braten hineinlegen und im heißen Ofen (unteres Drittel, Umluft 220°) von jeder Seite 15 Min. anbraten. Die Fettpfanne mit dem Braten aus dem Ofen nehmen, das Fleisch mit Alufolie abdecken. Die Ofentemperatur bei geöffneter Backofentür auf 80° absenken. Die Alufolie entfernen, den Braten in der Fettpfanne wieder in den Ofen (unteres Drittel, keine Umluft) schieben und bei 80° ca. 4 Std. garen, bis das Fleisch eine Kerntemperatur von 65° erreicht hat.

3 2 Std. vor Ende der Garzeit die Zwiebel und den übrigen Knoblauch schälen und hacken. Das Gemüse putzen, waschen und grob schneiden. Einen Topf erhitzen und das übrige Öl hineingeben. Zwiebel, Knoblauch und Röstgemüse darin 3 Min. unter Rühren anbraten, mit dem Rotwein ablöschen. Bei starker Hitze 10 Min. einkochen lassen. Die Thymianzweige waschen und mit dem Lorbeerblatt dazugeben. Mit dem Wildfond auffüllen und alles bei mittlerer Hitze 1 Std. 30 Min. einkochen lassen.

4 20 Min. vor Ende der Garzeit die Maronen in einem Topf mit der Milch bedecken, einmal aufkochen und bei schwacher Hitze 10 Min. zugedeckt kochen lassen. Die Sahne steif schlagen. Die Maronen im Topf mit dem Pürierstab fein pürieren. Die Schlagsahne unterziehen und das Püree mit Salz, Pfeffer und 1 Prise Muskat abschmecken. Zugedeckt warm halten.

5 Die Sauce durch ein feines Sieb in einen Topf abgießen, Röstgemüse, Zwiebel und Knoblauch ausdrücken und wegwerfen. Sahne und Johannisbeergelee dazugeben und bei starker Hitze 10 Min. einkochen lassen. Die Sauce mit Salz, Pfeffer und nach Belieben mit dem Gin abschmecken. Den Braten herausnehmen und in Scheiben schneiden. Mit dem Maronenpüree und der Sauce auf vorgewärmten Tellern anrichten. Dazu schmecken glasierte Möhren und ein reifer Rotwein.

Für im Schmortopf zubereitetes Wildschwein, den marinierten Braten bei mittlerer Hitze 8–10 Min. rundherum in 2 EL Öl anbraten, herausnehmen. Zwiebel, Knoblauch und Röstgemüse im Bratensatz anbraten, mit dem Wein ablöschen und den Braten wieder einlegen. Den Fond angießen, Thymian und Lorbeerblatt dazugeben und den Braten ca. 2 Std. zugedeckt schmoren lassen, dabei zweimal wenden. Vor dem Anschneiden 10 Min. ruhen lassen und in der Zwischenzeit die Sauce wie in Step 5 beschrieben fertigstellen.

Gefüllte Martinsgans mit Bratäpfeln

Für die Gans
1 Bauerngans (ca. 5 kg, mit Innereien)
8 altbackene Brötchen (oder 400 g Knödelbrot)
¼ l Milch
3 große Zwiebeln | 2 säuerliche Äpfel
je 1 Bund Petersilie und Majoran
Salz | Pfeffer
2 Eier | 1 EL getrockneter Beifuß
1 Möhre | 1 Stück Knollensellerie
1 dünne Stange Lauch
800 ml Entenfond (aus dem Glas)
2 EL Speisestärke
Für die Bratäpfel
150 g getrocknete Cranberrys
100 ml Apfelsaft
2 EL Zitronensaft
8 säuerliche Äpfel (z. B. Braeburn)
4 EL Butter
Außerdem
Holzspießchen | Küchengarn

Für 8 Personen | ca. 1 Std. 20 Min. Zubereitung
ca. 3 Std. 45 Min. Garzeit
Pro Portion ca. 1920 kcal, 80 g EW, 153 g F, 54 g KH

1 Die Gans innen und außen waschen und trocken tupfen. Hals und Fügelspitzen abschneiden, beiseitelegen. Fettlappen aus der Bauchhöhle entfernen, in einem Töpfchen bei schwacher Hitze auslassen.

2 Für die Füllung die Brötchen in feine Scheiben schneiden und in eine Schüssel geben. Die Milch aufkochen und darübergießen. Die Innereien waschen, trocken tupfen und fein schneiden. 2 Zwiebeln schälen und fein hacken. Die Äpfel schälen und ohne Kerngehäuse fein würfeln. Petersilie und Majoran waschen und trocken schütteln, die Blätter fein schneiden. Eine Pfanne erhitzen, 2 EL ausgelassenes Gänsefett hineingeben. Innereien und Zwiebelwürfel darin unter Rühren 5 Min. anbraten. Äpfel dazugeben, 2 Min. mitbraten. Kräuter unterrühren, salzen und pfeffern. Zu den eingeweichten Brötchen geben, die Eier hinzufügen und alles gut verkneten. Mit Salz und Pfeffer abschmecken.

3 Den Ofen auf 220° vorheizen. Die Gans innen und außen salzen und mit Beifuß einreiben. Die Brötchenmasse in den Bauch füllen, die Öffnung mit Holzspießchen und Küchengarn verschließen (siehe S. 7). Mit einer Nadel unter den Keulen und Flügeln mehrfach einstechen. Die Gans mit der Brustseite nach unten in einen Bräter legen, 2 cm hoch Wasser angießen, Hals und Flügelspitzen dazulegen. Im heißen Ofen (unteres Drittel, Umluft 200°) 45 Min. braten.

4 Inzwischen die übrige Zwiebel schälen und fein hacken. Das Gemüse putzen, waschen und klein würfeln. Die Gans herausnehmen und die Ofentemperatur auf 180° (Umluft 160°) reduzieren. Das ausgebratene Fett abschöpfen. Zwiebel und Gemüse in den Bräter geben, 400 ml Entenfond angießen. Die Gans mit der Brustseite nach oben wieder einlegen und im Ofen (unteres Drittel) weitere 3 Std. garen, dabei noch einmal wenden. Nach und nach den übrigen Fond angießen.

5 Für die Bratäpfel die Cranberrys mit Apfelsaft und Zitronensaft in einen Topf geben, einmal aufkochen und bei schwacher Hitze 5 Min. zugedeckt köcheln, dann abkühlen lassen. 40 Min. vor Ende der Garzeit eine Auflaufform mit etwas Butter ausstreichen. Die Äpfel waschen, das Kerngehäuse ausstechen. Äpfel in die Form setzen und mit den Cranberrys füllen. Übrige Butter in Flöckchen darauf verteilen. Die Gans eine Einschubleiste höher setzen, die Form auf den Backofenboden stellen und die Äpfel ca. 30 Min. backen.

6 Die Gans auf eine Platte herausheben und 10 Min. zugedeckt ruhen lassen. Die Sauce noch einmal entfetten und durch ein feines Sieb in einen Topf abgießen. Die Speisestärke mit 4 EL kaltem Wasser anrühren, einrühren und 2 Min. kochen lassen. Mit Salz und Pfeffer abschmecken. Die Gans tranchieren (siehe S. 18), jeweils Fleisch mit etwas Füllung, Sauce und 1 Bratapfel auf vorgewärmten Tellern anrichten. Dazu schmeckt Bier oder ein kräftiger Rotwein.

Wie Sie eine Gans (ohne Füllung) bei Niedrigtemperatur zubereiten, lesen Sie auf Seite 122.

Thanksgiving-Truthahn mit Preiselbeersauce und Süßkartoffelbrei

Für den Truthahn
1 Truthahn (ca. 5 kg, keine TK-Ware)
150 g Butter | Salz
2 Zwiebeln | 1 Möhre
1 Stück Knollensellerie
1 dünne Stange Lauch
2 EL neutrales Pflanzenöl
1 TL Zucker | 1 TL Tomatenmark
1 l Geflügelfond (Rezept S. 15 oder aus dem Glas)
1–2 EL heller Saucenbinder
Pfeffer
Für die Beilagen
200 g Preiselbeeren (ersatzweise aus dem Glas, dann Zucker um die Hälfte reduzieren)
100 g brauner Zucker
2 säuerliche Äpfel (z. B. Boskop)
1 Bio-Orange | 2 Gewürznelken
1,2 kg Süßkartoffeln
Salz | 4 grüne Kardamomkapseln
ca. 300 ml Milch | 2 EL Butter
Pfeffer | Muskatnuss, frisch gerieben

Für 10 Personen | ca. 1 Std. 30 Min. Zubereitung
ca. 8 Std. Garzeit
Pro Portion ca. 945 kcal, 77 g EW, 52 g F, 41 g KH

1 Den Backofen auf 220° vorheizen. Den Truthahn innen und außen waschen und trocken tupfen. Die Butter zerlassen, 1/2 TL Salz unterrühren. 3 EL Salzbutter in den Bauch geben. Den Truthahn mit der Brust nach unten in die Fettpfanne setzen, rundherum mit der Salzbutter einpinseln und im heißen Ofen (unteres Drittel, Umluft 200°) 30 Min. braten. Wenden und weitere 30 Min. braten. Herausnehmen, mit Alufolie abdecken und die Ofentemperatur bei geöffneter Backofentür auf 80° absenken. Die Folie entfernen, den Truthahn wieder in den Ofen (unteres Drittel, keine Umluft) schieben und bei 80° ca. 7 Std. garen. Gelegentlich mit der Salzbutter einpinseln. Zum Ende der Garzeit das Bratenthermometer in die dickste Stelle, aber nicht bis zum Knochen stecken und bis zur Kerntemperatur von 70° weitergaren.

2 2 Std. vor Ende der Garzeit Zwiebeln schälen und klein würfeln. Gemüse putzen, waschen und klein schneiden. Das Öl in einem Topf erhitzen, Zwiebeln und Gemüse darin anbraten. Zucker und Tomatenmark 1 Min. mitbraten, mit dem Fond ablöschen, aufkochen und bei mittlerer Hitze 1 Std. 30 Min. einkochen lassen.

3 Die Beeren in einem Sieb kalt abbrausen und abtropfen lassen. Mit dem Zucker und 1/8 l Wasser in einem Topf verrühren. Äpfel schälen, in Spalten schneiden und untermischen. Orange heiß waschen und abtrocknen, Schale abreiben und Saft auspressen, beides unterrühren. Nelken hinzufügen, aufkochen und bei schwacher Hitze 15 Min. zugedeckt köcheln lassen. Abgekühlt in eine Schüssel füllen.

4 Süßkartoffeln schälen und in Würfel schneiden. In einem Topf mit Wasser bedecken, 1/2 TL Salz und den Kardamom hinzufügen. Zugedeckt bei mittlerer Hitze in ca. 20 Min. weich kochen. Das Wasser abgießen, die Kartoffeln im Topf mit dem Kartoffelstampfer zerdrücken. Die Milch erwärmen. Kartoffeln wieder erhitzen, nach und nach so viel heiße Milch und die Butter unterrühren, bis ein weicher Brei entsteht. Mit Salz, Pfeffer und Muskat abschmecken. Zugedeckt warm halten.

5 Wenn der Truthahn 70° Kerntemperatur erreicht hat, die Ofentemperatur auf 220° erhöhen, den Grill zuschalten. Die Haut noch mal mit Salzbutter einpinseln und 5–6 Min. übergrillen. Herausheben, 10 Min. zugedeckt ruhen lassen. Die Sauce durch ein feines Sieb in einen Topf abgießen, Gemüse und Zwiebeln ausdrücken. Den Saucenbinder einrühren und einkochen lassen, bis die Sauce bindet. Mit Salz und Pfeffer würzen. Den Truthahn auf einer Platte zu Tisch bringen und vor den Augen der Gäste tranchieren. Den Süßkartoffelbrei und die Saucen dazureichen. Dazu schmeckt Bier.

Wenn Sie den Truthahn füllen und herkömmlich bei 180° braten wollen, rechnen Sie pro Kilogramm Gewicht ca. 1 Std. Garzeit.

Rezeptregister

Die Autorin

Margit Proebst studierte Kunstgeschichte und Philosophie, daneben betrieb sie über 15 Jahre einen kleinen Catering-Service. Seit 1999 arbeitet die passionierte Köchin als Kochbuchautorin und Foodstylistin. Die Liebe zur Kunst und zu gutem Essen führt sie regelmäßig auf Reisen. Für die Rezepte dieses Buches ließ sie sich in Italien, Spanien, Frankreich und der Schweiz inspirieren. Ihre Rezeptideen verfeinert sie in ihrer Münchener Küche zu kulinarischen Highlights, mit denen sie gerne ihre Gäste verwöhnt. Wer noch mehr zum Thema Niedrigtemperaturgaren erfahren möchte, findet auf ihrer Homepage www.margit-proebst.de viele Anregungen und Hinweise.

Der Fotograf

Eising Foodphotography
Fotografie: Martina Görlach
Foodstyling: Michael Koch
Requisite: Ulla Krause

Redaktion: Stefanie Poziombka
Lektorat: Saskia Nickles
Korrektorat: Susanne Elbert
Umschlaggestaltung und Innenlayout: independent Medien-Design, München
Herstellung: Claudia Labahn
Satz: Bernd Walser Buchproduktion, München
Reproduktion: Longo AG, Bozen
Druck: Firmengruppe APPL, aprinta druck, Wemding
Bindung: Conzella, Pfarrkirchen

ISBN 978-3-8338-1736-6

1. Auflage 2009

GRÄFE UND UNZER

Ein Unternehmen der
GANSKE VERLAGSGRUPPE

DAS ORIGINAL GU MIT GARANTIE

Unsere Garantie

Alle Informationen in diesem Ratgeber sind sorgfältig und gewissenhaft geprüft. Sollte dennoch einmal ein Fehler enthalten sein, schicken Sie uns das Buch mit dem entsprechenden Hinweis an unseren Leserservice zurück. Wir tauschen Ihnen den GU-Ratgeber gegen einen anderen zum gleichen oder ähnlichen Thema um.

Liebe Leserin und lieber Leser,

wir freuen uns, dass Sie sich für ein GU-Buch entschieden haben. Mit Ihrem Kauf setzen Sie auf die Qualität, Kompetenz und Aktualität unserer Ratgeber. Dafür sagen wir Danke! Wir wollen als führender Ratgeberverlag noch besser werden. Daher ist uns Ihre Meinung wichtig. Bitte senden Sie uns Ihre Anregungen, Ihre Kritik oder Ihr Lob zu unseren Büchern. Haben Sie Fragen oder benötigen Sie weiteren Rat zum Thema? Wir freuen uns auf Ihre Nachricht!

Wir sind für Sie da!
Montag - Donnerstag: 8.00 – 18.00 Uhr;
Freitag: 8.00 – 16.00 Uhr

Tel.: 0180 - 5 00 50 54*
Fax: 0180 - 5 01 20 54*
E-Mail: leserservice@graefe-und-unzer.de

*(0,14 €/Min. aus dem dt. Festnetz/ Mobilfunkpreise können abweichen)

P.S.: Wollen Sie noch mehr Aktuelles von GU wissen, dann abonnieren Sie doch unseren kostenlosen GU-Online-Newsletter und/oder unsere kostenlosen Kundenmagazine.

GRÄFE UND UNZER VERLAG
Leserservice
Postfach 86 03 13
81630 München